Powerpoint 2016 파워포인트

KB138957

교 재에서 사용하는
실습파일 및 완성파일은
교학사 홈페이지
www.kyohak.co.kr
[컴퓨터/기술/수험서]
자료실에서 다운로드하여
사용하세요

01
S·e·c·t·i·o·n

파워포인트 2016 시작하기

파워포인트는 계획, 제품 설명, 연구 보고와 같은 발표 자료를 많은 청중을 설득시키기 위해 작성하는 프로그램입니다. 프레젠테이션을 작성하기 위해 파워포인트 2016의 실행과 종료, 화면 구성에 대해 알아봅니다.

01 파워포인트 2016 실행과 종료 ★

1 [시작]-[모든 프로그램]-[Microsoft Office]-[Microsoft PowerPoint 2016]을 순서대로 클릭하면 그림과 같이 시작 화면이 나타납니다. 프레젠테이션을 작성하기 위해 '새 프레젠테이션'을 클릭합니다.

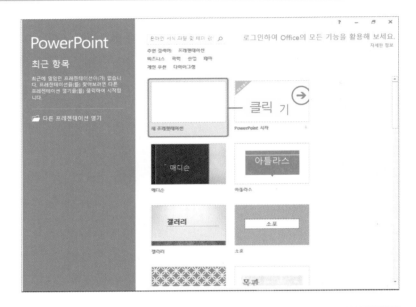

2 제목 텍스트 상자를 클릭하여 "친환경 산업 결과보고"를 입력하고, 부제목 텍스트 상자를 클릭하여 "에코물산"을 입력합니다.

TIP

파워포인트 2016을 실행하면 제목을 작성할 수 있는 '제목 슬라이드' 레이아웃이 나타납니다.

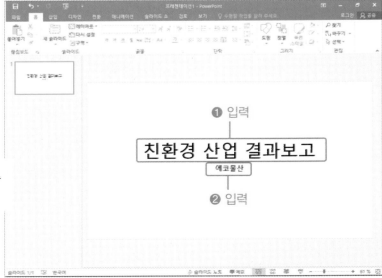

③ 파워포인트 종료하기 위해 [파일]-[닫기]를 클릭합니다.

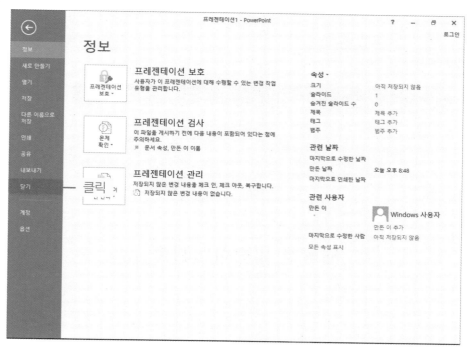

제목 표시줄에서 ✕ (닫기)를 클릭해도 프로그램이 종료됩니다.

④ 그림과 같이 작성한 프레젠테이션을 저장할 것인지 묻는 대화상자가 나타나면 [저장 안 함]을 클릭합니다.

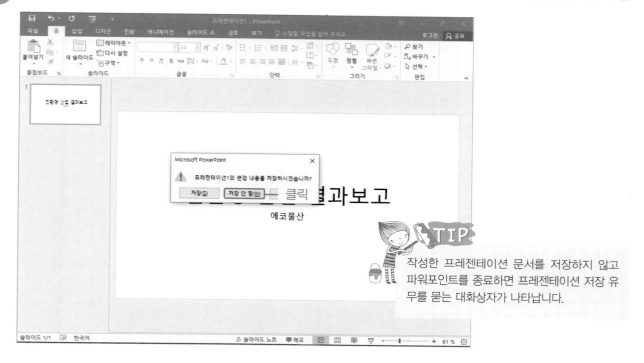

작성한 프레젠테이션 문서를 저장하지 않고 파워포인트를 종료하면 프레젠테이션 저장 유무를 묻는 대화상자가 나타납니다.

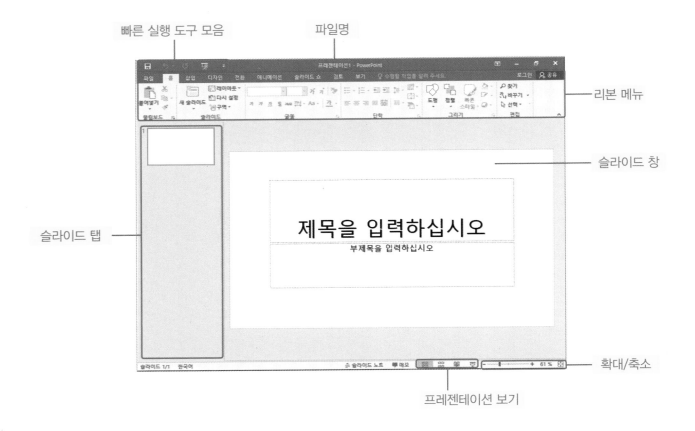

- **빠른 실행 도구 모음** : 자주 사용 하는 저장, 실행 취소, 다시 실행 등의 명령을 빠르게 실행할 수 있으며, 빠른 실행 도구 모음 사용자 지정( ) 단추를 클릭하여 새로운 명령을 추가할 수 있습니다.

- **파일명** : 현재 작업 중은 프레젠테이션의 파일명이 표시되며, 새로 열리는 프레젠테이션은 프레젠테이션1, 프레젠테이션2, 프레젠테이션3.. 으로 나타납니다.

- **리본 메뉴** : 파워포인트 2016에서 사용할 수 있는 메뉴와 도구를 그룹별로 구분하여 모아 놓은 것으로 [파일] 탭과 [홈], [삽입], [디자인], [애니메이션], [슬라이드 쇼], [검토], [보기]로 구성되어 있으며, 작업하는 상황에 따라 상황별 메뉴 탭이 나타나기도 합니다.

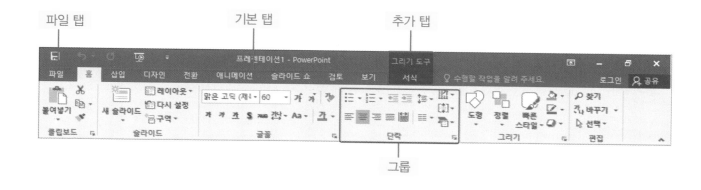

파일 탭   기본 탭   추가 탭

그룹

- 슬라이드 탭 : 작성한 슬라이드를 작은 크기로 보여주며, 슬라이드를 이동하거나 복사할 수 있습니다.
- 슬라이드 창 : 파워포인트에서 주로 작업하는 공간으로 텍스트, 그림, 표, 도형 등을 삽입할 수 있습니다.
- 프레젠테이션 보기 : 슬라이드를 기본, 여러 슬라이드, 읽기용 보기, 슬라이드 쇼 형태로 볼 수 있습니다.

기본( )	가장 많이 사용하는 보기 형식으로 슬라이드를 하나씩 보여줍니다.
여러 슬라이드( )	작성한 슬라이드가 순서대로 축소되어 모두 보여집니다.
읽기용 보기( )	프레젠테이션을 검토할 수 있도록 전체 화면으로 표시됩니다.
슬라이드 쇼( )	현재 슬라이드부터 슬라이드 쇼를 진행합니다.

- 확대/축소 : 슬라이드 크기를 확대 또는 축소할 수 있습니다.

확대/축소 (— +)	슬라이드 바를 마우스로 드래그하면 화면을 축소 또는 확대할 수 있으며, – 또는 +를 클릭하면 화면이 10%씩 축소되거나 확대됩니다.
확대/축소 비율(100 %)	[확대/축소] 대화상자에서 원하는 화면 비율을 선택할 수 있습니다.
창에 맞춤( )	현재 창 크기로 슬라이드 크기를 맞춥니다.

셀프 테스트

01 파워포인트 2016을 실행하여 그림과 같이 제목 슬라이드를 작성하세요.

2018년 에너지 통계 발표

한국에너지공단
KOREA ENERGY AGENCY

02 화면 크기를 150% 확대시켜 보세요.

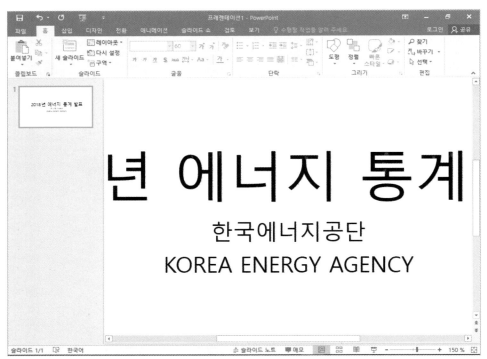

화면을 현재 창 크기로 맞춘 다음 리본 메뉴를 축소하세요.

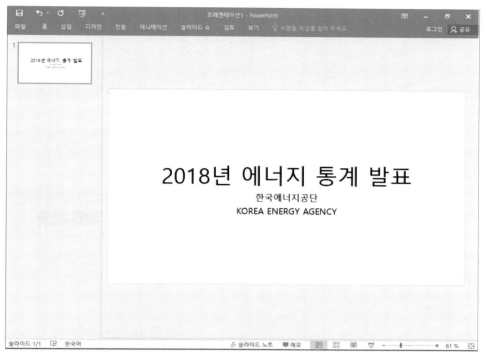

 화면에서 숨겨진 리본 메뉴를 다시 화면에 표시하세요.

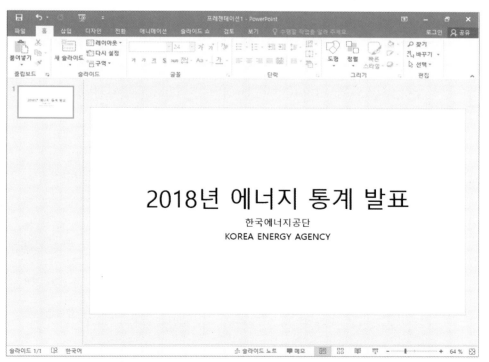

02 간단한 프레젠테이션 만들기

S·e·c·t·i·o·n

프레젠테이션은 제목 슬라이드로 시작하여 여러 장의 슬라이드를 추가하여 작성합니다. 새로운 슬라이드를 추가하는 방법과 텍스트를 입력하고 저장 방법에 대해 알아보겠습니다.

01 새 슬라이드 크기와 슬라이드 레이아웃 설정하기 ★

1 파워포인트를 실행한 후 슬라이드 크기를 설정하기 위해 [디자인] 탭-[사용자 지정] 그룹-□(슬라이드 크기)-[사용자 지정 슬라이드 크기]를 클릭합니다.

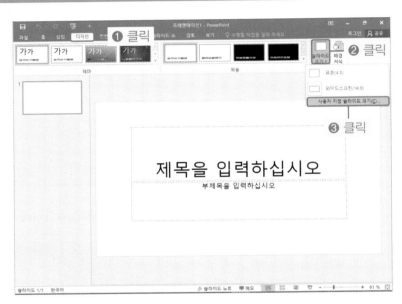

2 슬라이드 크기를 'A4 용지 (210×297mm)'로 선택한 다음 [확인]을 클릭합니다. 콘텐츠 크기 확대 유무를 묻는 대화상자가 나타나면 [맞춤 확인]을 클릭합니다.

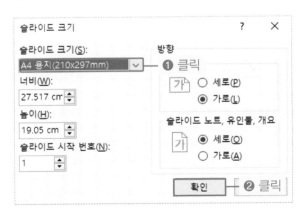

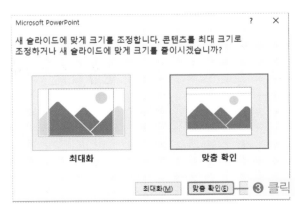

02 새 슬라이드 삽입하기

1 제목 슬라이드에 내용을 입력하고 새로운 슬라이드를 추가하기 위해 [홈] 탭의 [슬라이드] 그룹에서 (새 슬라이드)를 클릭합니다.

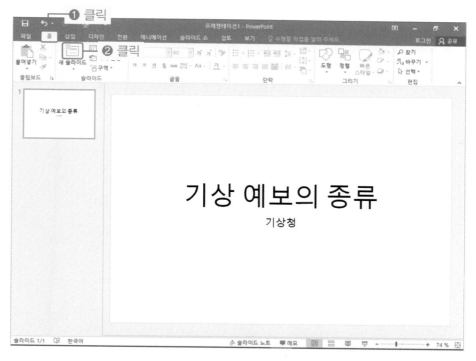

2 '제목 및 내용' 슬라이드가 삽입되면 슬라이드 제목을 입력하고 텍스트 상자에 그림과 같이 내용을 입력합니다. 이때 **Enter** 를 누르며 내용을 입력하면 글머리 기호가 자동으로 나타납니다.

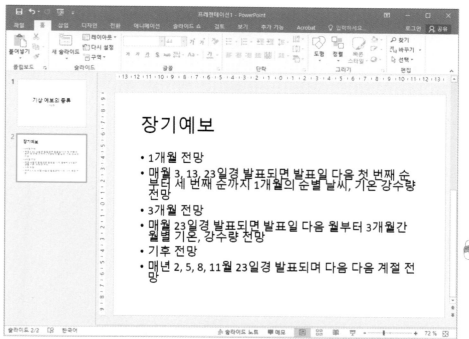

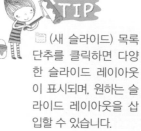

TIP

(새 슬라이드) 목록 단추를 클릭하면 다양한 슬라이드 레이아웃이 표시되며, 원하는 슬라이드 레이아웃을 삽입할 수 있습니다.

3 수준을 내리기 위해 두번째 단락의 매월 앞에 커서를 놓고 [Tab] 을 눌러 단락의 수준을 한 단계 내립니다.

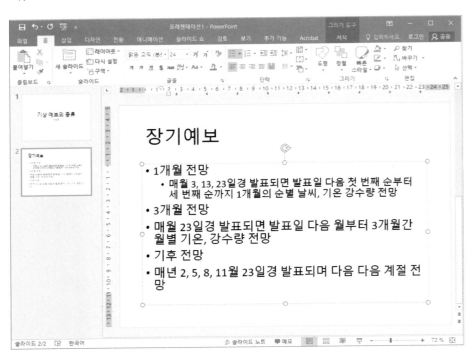

4 같은 방법으로 그림과 같이 단락의 수준을 내려 완성합니다.

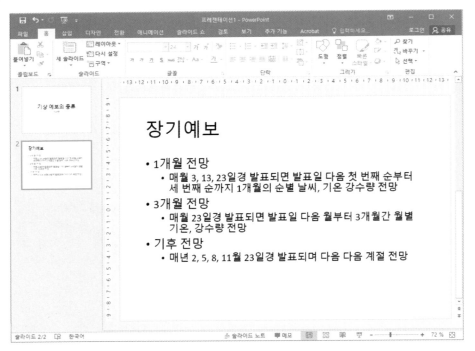

1 [파일] 탭을 클릭하여 [저장]을 선택하거나 빠른 실행 도구 모음에서 🔲(저장)을 클릭합니다.

2 [다른 이름으로 저장] 화면에서 [찾아보기]를 클릭합니다.

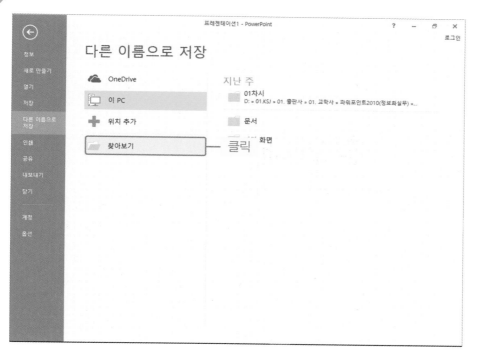

3 [다른 이름으로 저장] 대화상자가 나타나면 저장 위치와 파일 이름을 입력한 후 [저장]을 클릭합니다.

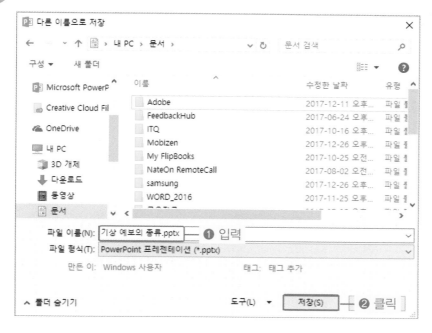

01 새로운 프레젠테이션을 실행하여 슬라이드 크기를 'A4(210×297mm)'로 설정한 후 제목을 입력하여 슬라이드를 만드세요.

청와대

hppt://www.president.go.kr

02 제목 및 내용 슬라이드 레이아웃을 추가하여 내용을 입력한 후 "청와대.pptx"로 저장하세요.

관람정보

- 관람운영일
  - 매주 화요일~금요일/둘째, 넷째 주 토요일(공휴일 제외)
- 최대신청인원
  - 개인관람은 10명 이하, 단체관람은 11명~200명 이하
  - 8세 미만 어린이는 9명 이하
  - 토요일은 10명 이하의 개인 관람에 한함
- 관람 시간
  - 오전 10시, 11시 / 오후 2시, 3시

새로운 프레젠테이션을 실행하여 제목 슬라이드에 그림과 같이 내용을 입력한 후 "식물이야기.pptx"로 저장하세요.

재미있는 식물 이야기

공기 정화 식물 Best

 콘텐츠 2개 레이아웃을 추가하여 내용을 입력한 후 저장하여 완성하세요.

아레카야자와 관음죽

- 아레카야자
  - 야중 중에서도 품질이 가장 우수함
  - 실내에서도 잘자람
  - 약 1.8m 아레카야자는 24시간에 1리터의 수분을 뿜어냄
  - 천역 가습기 역할
- 관음죽
  - 일본 관음산에서 자라는 식물
  - 공기 정화 능력이 탁월함
  - 병충해에 강함
  - 암모니아를 잘 흡수하여 화장실에 두면 효과적

03 슬라이드 테마와 배경 서식

S·e·c·t·i·o·n

테마는 프레젠테이션의 전체 디자인을 설정하는 것으로 색, 글꼴, 효과, 그래픽 등의 집합입니다. 새 프레젠테이션은 가장 기본적인 'Office 테마'로 시작됩니다. 프레젠테이션의 테마와 배경 스타일을 설정하는 방법에 대해 알아봅니다.

01 슬라이드 테마 설정하기 ★

1 [파일]-[열기]를 클릭하여 '역사인물 탐구.pptx' 파일을 엽니다. [디자인] 탭의 [테마] 그룹에서 ▼(자세히) 단추를 클릭하여 '베를린' 테마를 선택합니다.

TIP

테마를 선택하면 모든 슬라이드에 적용됩니다.

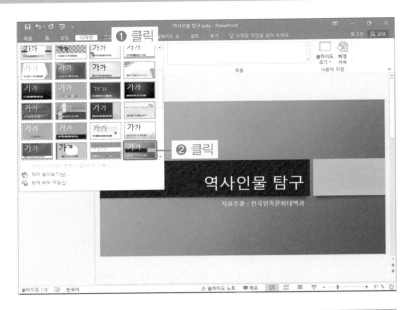

2 제목 슬라이드만 다른 디자인을 설정하기 위해 제목 슬라이드에서 [디자인] 탭의 [테마] 그룹에서 ▼(자세히) 단추를 클릭하여 '주요 이벤트' 테마에서 마우스 오른쪽 단추로 클릭한 다음 [선택한 슬라이드에 적용]을 선택합니다.

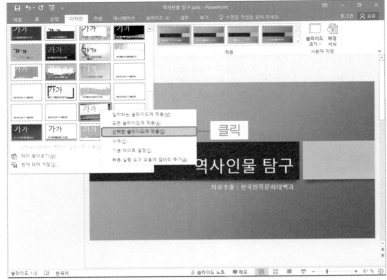

02 배경 스타일 변경하기 ★

1 슬라이드 탭에서 2번 슬라이드를 선택한 다음 [디자인] 탭의 [적용] 그룹에서 원하는 배경 스타일을 선택합니다.

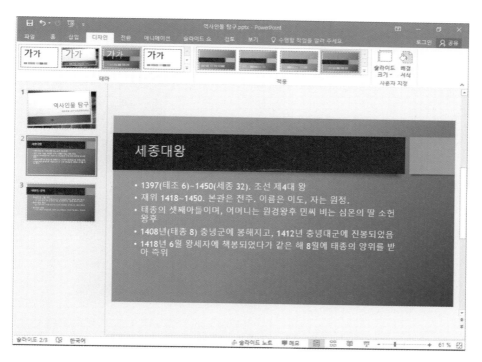

2 [디자인] 탭의 [적용] 그룹에서 ▾ (자세히) 단추를 클릭하여 [글꼴]–[돋움]을 선택하면 슬라이드의 글꼴이 변경됩니다.

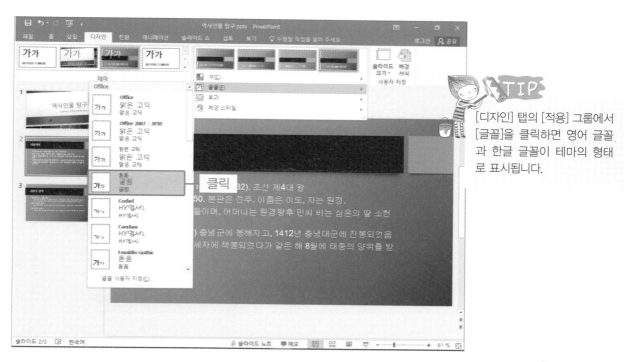

> **TIP**
> [디자인] 탭의 [적용] 그룹에서 [글꼴]을 클릭하면 영어 글꼴과 한글 글꼴이 테마의 형태로 표시됩니다.

셀프 테스트

01 그림과 같이 제목 슬라이드를 작성하여 '슬라이스' 테마를 설정한 후 '국민건강보험제도.pptx'로 저장하세요.

국민건강보험제도

http://www.nhis.or.kr

02 새로운 슬라이드를 추가하여 내용을 입력한 후 테마 색과 글꼴 테마를 변경하세요.

건강보험 특성

▶ 의무적인 보험 가입 및 보험료 납부
▶ 부담능력에 따른 보험료 부과
▶ 균등한 보장

03 그림과 같이 제목 슬라이드를 작성하여 '추억' 테마를 설정한 후 '퇴직연금.pptx'로 저장하세요.

퇴직연금

금융감독원

 04 슬라이드 2의 배경색을 원하는 색으로 변경하세요.

제도개요

제도종류
- 확정급여형
- 확정기여형
- 기업형 기업형 IRP
- 개인형 IRP

도입 효과
- 퇴직연금제도를 통해 은퇴시 퇴직금을 연금 현태로 수령할 수 있어 노후 생활을 안정적으로 꾸려나갈 수 있다.
- 사용자도 법인세 절감, 비용 부담의 평중화 등 재무적 관점에서 여러 이점을 얻을 수 있다.

 TIP

슬라이드 배경색 설정 : 슬라이드에서 마우스 오른쪽 단추를 클릭하여 [배경 서식]을 선택한 다음 원하는 색으로 지정합니다.

04 다양한 문자 입력하기

S·e·c·t·i·o·n

키보드로 입력할 수 없는 특수 문자를 입력하는 방법과 한글을 한자로 변환하는 방법에 대해 알아봅니다.

01 특수 문자 입력하기 ★

1 '국가문화유산.pptx' 파일을 불러옵니다. 제목 앞에 "ㅁ"을 입력한 다음 [한자]를 누릅니다. 기호 목록이 나타나면 원하는 문자를 클릭합니다. 여기에서는 5번을 선택했습니다.

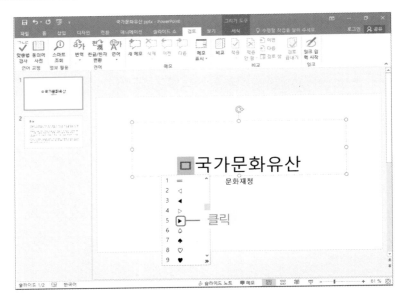

2 특수 문자가 입력되면 **Space Bar**를 눌러 한 칸을 띄웁니다. 같은 방법으로 제목 맨 뒤에 한 칸을 띄운 후 그림과 같이 특수 문자를 입력합니다.

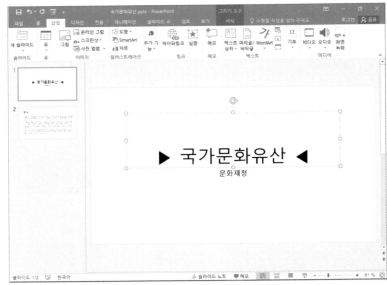

02 한글/한자로 변환하기 ★

1 2번 슬라이드의 제목 뒤를 클릭하여 커서를 놓은 후 [검토] 탭의 [언어] 그룹에서 🈂 (한글/한자 변환)을 클릭합니다.

2 [한글/한자 변환] 대화상자에서 해당 한자를 선택합니다. 입력 형태를 '한글(漢字)'로 선택한 다음 [변환]을 클릭합니다.

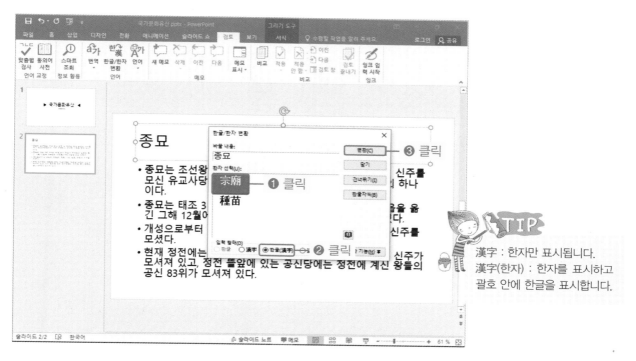

漢字 : 한자만 표시됩니다.
漢字(한자) : 한자를 표시하고 괄호 안에 한글을 표시합니다.

3 그림과 같이 '한글(漢字)' 형태로 변환된 것을 확인할 수 있습니다.

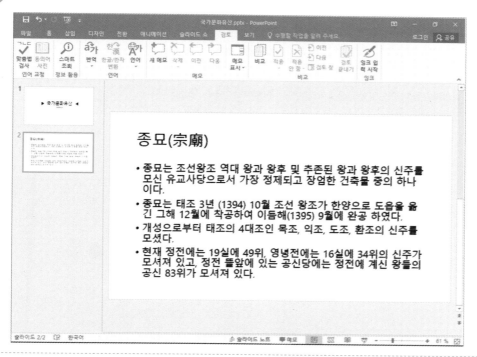

셀프 테스트

01 '목판' 테마를 적용하여 그림과 같이 제목 슬라이드를 만드세요.

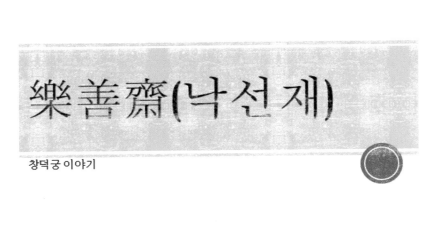

02 제목 및 내용 슬라이드 레이아웃을 삽입하여 그림과 같이 작성한 다음 '창덕궁이야기.pptx'로 저장하세요.

낙선재란?

- 사대부 집이라기엔 너무 고고하고 궁궐이라기엔 너무 질박한 이곳은 낙선재입니다.
- 화려한 단청 한 자락 칠해진 곳이 없는데도 담백한 농담의 수묵화(水墨畵)처럼 단아하면서도 기품(氣品) 있는 공간입니다.
- 낙선재는 헌종임금이 후궁인 순화궁 경빈 김씨를 맞이하면서 사생활 공간으로 지었던 것입니다.

'주요 이벤트' 테마를 이용하여 그림과 같이 제목 슬라이드를 작성하고 '고사상성어.pptx' 파일로 저장하세요.

TIP

[한글/한자 변환] 대화상자에서 [한글자씩]을 클릭하면 입력한 한글을 한글자씩 한자로 변환시킬 수 있습니다.

 콘텐츠 2개 슬라이드를 추가하여 내용을 입력하고 저장하세요.

I. 성공에 관련된 고사성어

- 등용문【登龍門】: 용문에 오른다는 뜻으로, 출세의 관문을 이루는 말
- 대기만성【大器晩成】: 큰 그릇은 늦게 이루어진다는 뜻으로, 크게 될 인물은 오랜 공적을 쌓아 늦게 이루어짐을 이름
- 금의환향【錦衣還鄕】: 비단옷 입고 고향에 돌아온다는 뜻으로, 출세하여 고향에 돌아옴을 이르는 말
- 십년창하【十年窓下】: 십년 동안 창문【窓門】 아래에 찾는 이가 없다는 뜻으로, 외부와 접촉【接觸】을 끊고 학문【學問】에 정진【精進】함을 비유【比喩】하는 말

TIP

로마 대문자 'I'은 "ㅈ"을 입력하고 [한자]를 누릅니다.

05 글꼴과 단락 서식 설정하기

S·e·c·t·i·o·n

슬라이드에 입력한 내용에 다양한 글꼴과 글꼴 색을 설정할 수 있으며, 단락 서식을 설정할 수 있습니다.

01 글꼴 서식 설정하기 ★

1 '유네스코.pptx' 파일을 불러옵니다. 제목 텍스트 상자를 선택한 다음 [홈] 탭의 [글꼴] 그룹에서 글꼴(HY헤드라인M)과 글꼴 크기(50pt), 글꼴 색(청회색, 텍스트2), 글꼴 스타일(진하게, 그림자)을 지정합니다.

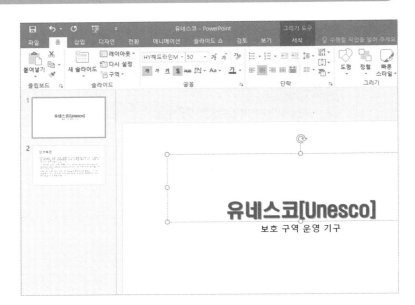

2 제목의 '유네스코'를 블록 설정한 다음 [글꼴] 그룹에서 글꼴 색을 어두운 청회색을 설정합니다.

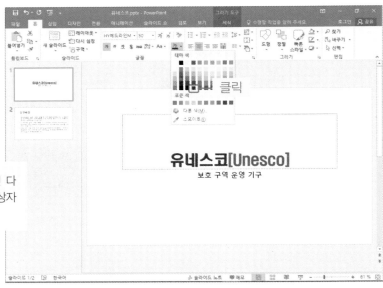

TIP

[홈] 탭의 [글꼴] 그룹에서 🔾 (글꼴)을 클릭하면 다양한 글꼴과 속성을 설정할 수 있는 [글꼴] 대화상자가 나타납니다.

1 2번 슬라이드의 제목 텍스트 상자를 선택한 다음 [홈] 탭의 [단락] 그룹에서 ≡ (가운데 맞춤)을 클릭합니다.

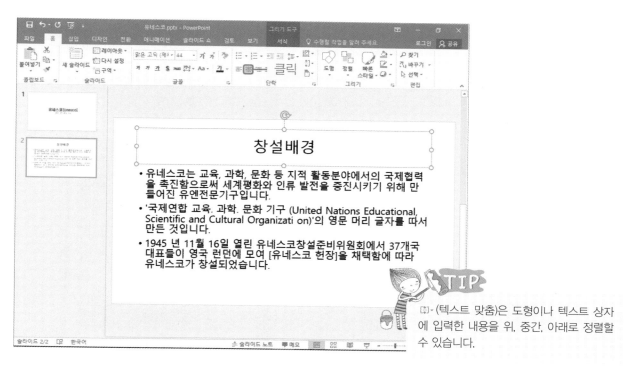

[#]- (텍스트 맞춤)은 도형이나 텍스트 상자에 입력한 내용을 위, 중간, 아래로 정렬할 수 있습니다.

2 내용 텍스트 상자를 선택한 다음 [홈] 탭의 [단락] 그룹에서 ≡- (줄 간격)을 클릭하여 '1.0'을 선택하여 줄 간격을 조절합니다.

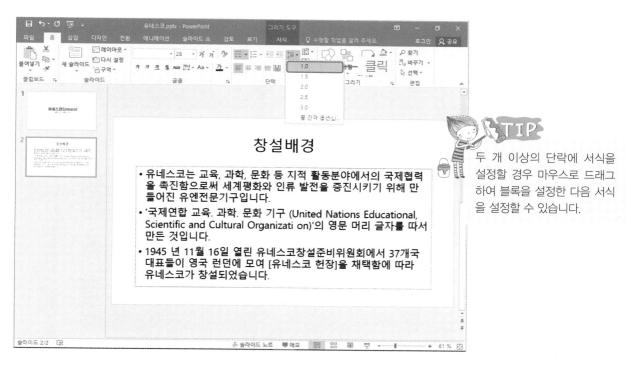

두 개 이상의 단락에 서식을 설정할 경우 마우스로 드래그하여 블록을 설정한 다음 서식을 설정할 수 있습니다.

셀프 테스트

01 '전기이야기.pptx' 파일을 불러와 제목 슬라이드의 글꼴을 설정하세요.

테마 : 3D 메탈 / 제목 : HY울릉도B, 50pt / 부제목 : 돋움, 30pt

02 2번 슬라이드의 제목과 내용에 글꼴과 단락 서식을 설정하세요.

제목 : HY헤드라인M, 40pt

내용 : 굴림, 18pt, 줄간격 : 1.5

전기란 무엇인가?

- 전기(電氣)란 영어로 일렉트리시티(Electricity), 그리스어로 일렉트론(Electron), 즉 호박이라는 보석에서 유래되었다.
- 기원전 600년경 탈레스가 호박(琥珀)을 문지르면 털이 달라 붙는 현상에서 최초로 발견되었기 때문에 붙여진 이름이다.
- 우주에 존재하는 모든 것은 원자라는 아주 작은 입자들로 이루어져 있는데 원자의 가운데는 원자핵이 있고 그 주위에 전자들이 구름처럼 퍼져 있다. 원자핵은 양성자와 중성자로 되어 있는데, 이 중 양성자와 전자는 서로 반대되는 성질을 가지고 있다. 전기력은 서로 다른 성질을 가진 양성자와 전자 사이에서 생긴다. 그런데 이 전기력은 원자핵에서 멀리 떨어져 있으면 약해진다.
  전기력이 약한 전자들은 언제든 외부의 충격이 있으면 원자 밖으로 빠져 나와 무리를 지으면서 한쪽 방향으로 움직이게 되는데 이러한 전자의 흐름으로 전기가 발생한다.

'커피.pptx' 파일을 불러와 제목 슬라이드의 글꼴을 설정하세요.

테마 : 비행기 구름 / 제목 : HY크리스탈M, 40pt / 부제목 : FuturaBlack BT, 32pt

 2번 슬라이드의 제목 및 내용 슬라이드에 글꼴을 설정하세요.

제목 : 휴먼모음T, 40pt
내용 : 한글(굴림)/영어(Arial), 글꼴 : 20pt, 줄간격 : 2.0

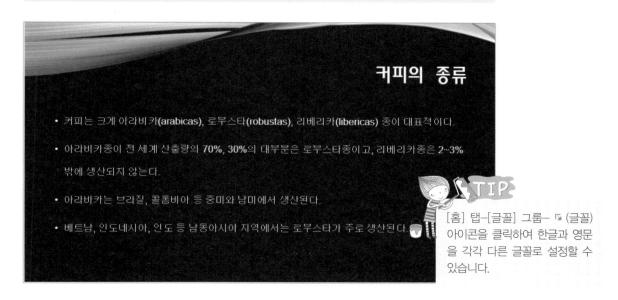

TIP

[홈] 탭–[글꼴] 그룹– □ (글꼴) 아이콘을 클릭하여 한글과 영문을 각각 다른 글꼴로 설정할 수 있습니다.

06
S·e·c·t·i·o·n
글머리 기호와 번호 매기기

텍스트 상자에 내용을 입력하면 단락과 단락을 구분하기 위해 자동으로 표시되는 기호를 글머리 기호라고 합니다. 글머리 기호는 다양한 모양과 색, 크기로 설정할 수 있습니다. 또한 순서와 과정을 표시하기 위해 번호를 매길 수 있습니다.

01 글머리 기호 ★

1 '수도박물관.pptx' 파일을 불러옵니다. 글머리 기호를 설정하기 위해 2번 슬라이드를 선택하고 그림과 같이 블록을 설정합니다.

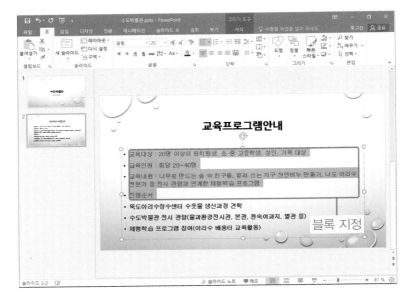

2 [홈] 탭의 [단락] 그룹에서 ≡·(글머리 기호) 목록 단추를 클릭하여 [글머리 기호 및 번호 매기기]를 클릭합니다.

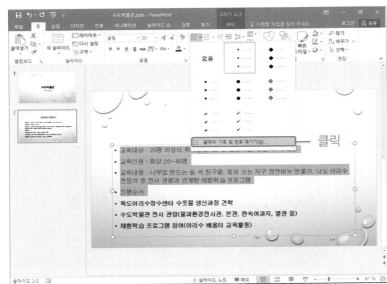

③ [글머리 기호 및 번호 매기기] 대화상자의 [글머리 기호] 탭에서 [사용자 지정]을 클릭합니다.

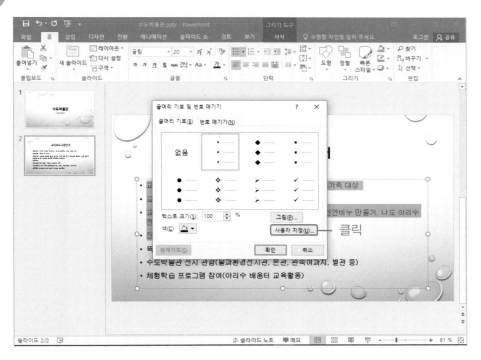

④ [기호] 대화상자에서 하위 집합 목록 단추를 클릭하여 [도형 기호]를 선택합니다. 다양한 기호가 나타나면 원하는 도형을 선택한 후 [확인]을 클릭합니다.

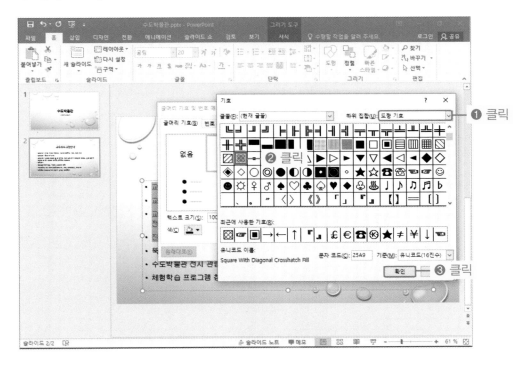

⑤ [글머리 기호 및 번호 매기기] 대화상자에서 텍스트 크기와 색을 그림과 같이 지정하고 [확인]을 클릭합니다.

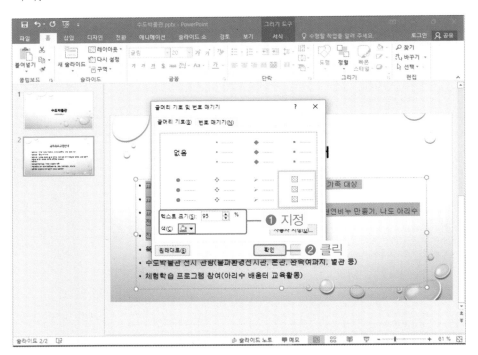

⑥ 그림과 같이 글머리 기호가 설정된 것을 확인할 수 있습니다.

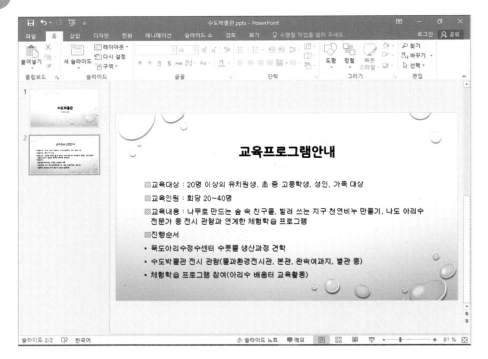

1 번호 매기기할 단락을 블록 설정한 다음 ▤▾ (번호 매기기) 목록 단추를 클릭하여 원 모양을 선택합니다.

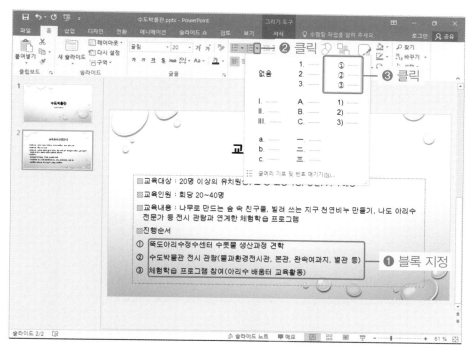

2 Tab 을 눌러 한 수준 아래로 내려 완성합니다.

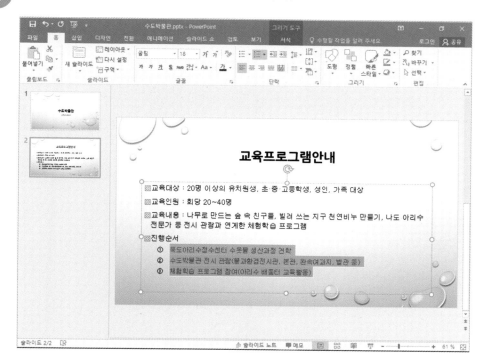

③ 번호와 텍스트 간격을 조절하기 위해 [보기] 탭의 [표시] 그룹에서 '눈금자'를 클릭하여 체크 표시를 합니다.

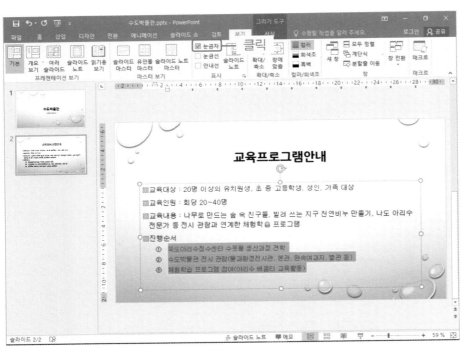

④ 눈금자의 왼쪽 맞춤 아이콘을 왼쪽으로 드래그하여 간격을 조절합니다.

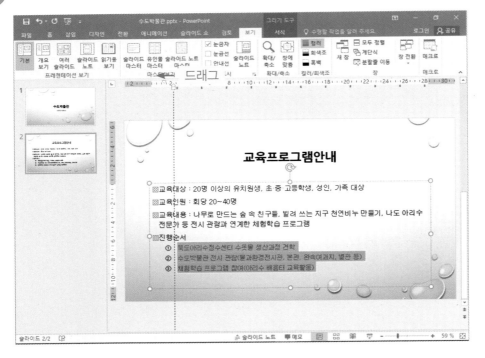

5 글머리 기호와 텍스트의 간격을 조절하기 위해 글머기 기호가 설정된 단락을 블록 설정한 다음 눈금자의 왼쪽 맞춤 아이콘을 오른쪽으로 드래그합니다.

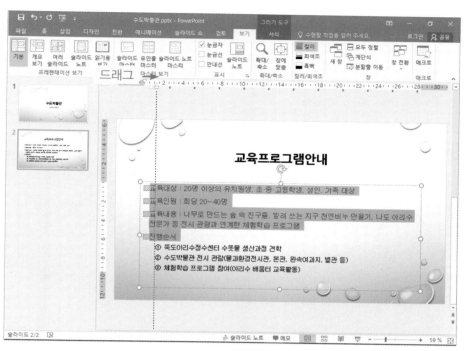

6 그림과 같이 글머기 기호과 텍스트의 간격이 조절된 것을 확인할 수 있습니다.

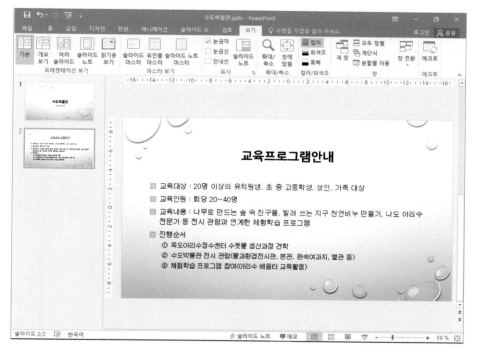

 01 '독립선언.pptx' 파일을 불러와 그림과 같이 제목 및 내용 슬라이드를 추가하여 내용을 입력한 후 번호 매기기를 이용하여 그림과 같이 슬라이드를 작성하세요.

I. 응모요강

1. 공모주제 : 민족대표 33인이 서명 날인한 독립선언서를 낭독하고 우리 민족의 독립을 선포한 3·1운동 진원지에 조성될 기념광장의 '역사·문화·장소적인 의미를 담은 누구나 쉽게 부르고 기억할 수 있는 명칭'
2. 참가자격 : 3·1운동에 관심이 있는 국·내외 누구나 참여 가능
3. 접수기간 : 2018. 4. 25(수)~5.27(일)
4. 심사기준 : 적합성, 창의성, 공감성 등을 종합평가

02 콘텐츠 2개 슬라이드 레이아웃을 삽입하여 그림과 같이 슬라이드를 만드세요.

II. 접수 및 시상

1. 접수방법
   ① 내 손안에 서울 (http://mediahub.seoul.go.kr/gongmo2) 공모전 공지 확인
   ② 명칭공모 참가신청서, 개인정보 활용 동의서 작성
   ③ 3.1.33quare@seoul.go.kr로 메일 전송

2. 시상
   ① 최우수상(1명, 상금 100만원)
   ② 우수상(2명, 상금 50만원)
   ③ 장려상(5명, 상금 10만원)

'재생프로젝트.pptx' 파일을 불러와 그림과 같이 제목 및 내용 슬라이드를 추가하여 내용을 입력한 후 그림과 같이 슬라이드를 작성한 후 글머리 기호를 변경하세요.

1. 프로젝트 개요

- 규모 : 7개소(개소당 70㎡ 내외로 총 490㎡)
- 참여팀 : 7개팀 (팀당 5~20명 내외)
- 참여팀공모기간 : 2018년 3월 20일 ~ 4월 20일 (예정)
- 참여팀응모기간 : 2018년 4월 10일 ~ 4월 20
- 액션기간 : 2018년 6월 28일(목) 12:00 ~ 7월 1일(일) 12:00
- 미션명 : 자투리땅을 살려라!

 콘텐츠 2개 슬라이드 레이아웃을 삽입하여 그림과 같이 슬라이드를 만드세요.

2. 기본방향

- ✓ 조직위원회 구성 주요의제 결정
- ✓ 제공된 장소에 **72시간** 내에 미션 수행
- ✓ 도시재생사업지의 삶의 질 향상 기여를 위해 대상지 선정 시 적극 고려

- ✓ 우수작은 현장에 지속적으로 존치 및 관리
- ✓ 각 자치구별 사업비 교부후 실행 및 정산
- ✓ SNS를 통한 실시간 중계로 제작 과정부터 시민과 공유

07 Section 도형으로 슬라이드 만들기

파워포인트 2016에서 제공하는 다양한 도형을 이용하여 시각적으로 정보를 전달할 수 있습니다. 또한 도형의 채우기를 색, 그림, 그라데이션 등으로 설정할 수 있습니다.

01 도형 삽입 및 텍스트 입력하기 ★

1 제목 슬라이드 영역에서 마우스 오른쪽 단추를 클릭하여 [레이아웃]–[빈 화면]을 선택하여 슬라이드 레이아웃을 변경합니다. [삽입] 탭–[일러스트레이션] 그룹–(도형)– □ (모서리가 둥근 직사각형)을 선택합니다. 슬라이드에서 마우스로 드래그하여 도형을 삽입합니다.

TIP

도형 그리기
• **Shift** : 가로와 세로의 비율이 같은 도형이 그려집니다.   • **Ctrl** : 마우스 포인터 위치가 도형의 중심이 되어 그려집니다.

2 모서리가 둥근 직사각형을 **Ctrl** + **Shift** 를 누른 상태로 아래 방향으로 드래그하여 그림과 같이 복사합니다. 도형의 간격을 동일하게 맞추기 위해 도형을 모두 선택한 다음 [서식] 탭의 [정렬] 그룹에서 [맞춤]–[세로 간격을 동일하게]를 클릭합니다.

TIP

Ctrl 을 누른 상태로 드래그하면 도형이 복사되며, **Ctrl** + **Shift** 를 누른 상태로 드래그하면 도형이 수직 또는 수평 방향으로 복사됩니다.

③ 같은 방법으로 ⬚ (도형)- ⬚ (오른쪽 화살표 설명선)을 선택하여 도형을 삽입합니다. 도형의 모양 조절 핸들들을 이용하여 도형 모양을 변형시키고 [서식] 탭의 [정렬] 그룹에서 [⬚ 뒤로 보내기]-[맨 뒤로 보내기]를 클릭합니다.

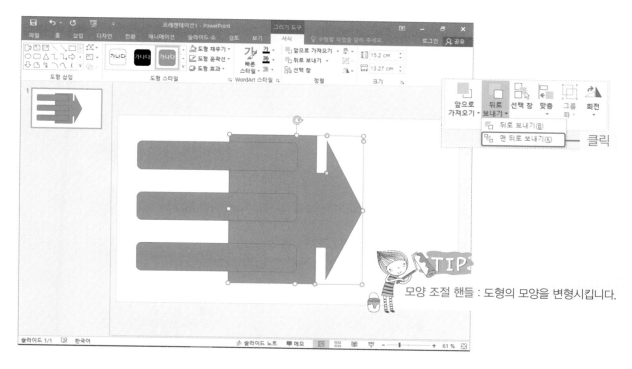

모양 조절 핸들 : 도형의 모양을 변형시킵니다.

④ 모서리가 둥근 직사각형 도형에 내용을 입력합니다. Ctrl 을 누른 상태로 모서리가 둥근 직사각형 도형을 모두 선택한 다음 [홈] 탭의 [글꼴] 그룹에서 글꼴 서식을 'HY견고딕'과 글꼴 크기를 '28pt'로 설정합니다.

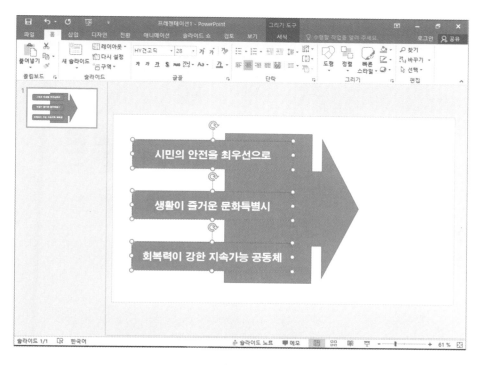

1 첫 번째 모서리가 둥근 직사각형 도형을 선택한 다음 [그리기 도구]-[서식] 탭의 [도형 스타일] 그룹에서 🎨 (도형 채우기)를 클릭하여 원하는 색을 선택하고, ✏️ (도형 윤곽선)을 클릭하여 [검정, 텍스트 1]을 선택합니다.

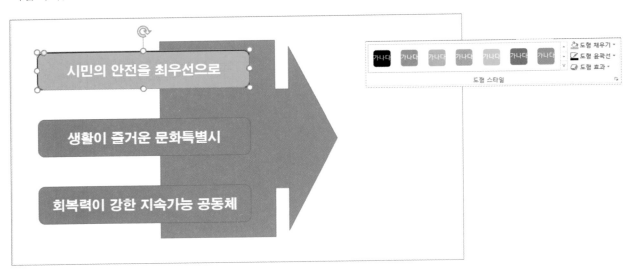

2 같은 방법으로 두 번째, 세 번째 모서리가 둥근 직사각형 도형을 도형 채우기 색과 도형 윤곽선을 이용하여 설정합니다. 오른쪽 화살표 설명선 도형을 선택한 다음 🎨 (도형 채우기)-[그라데이션]을 클릭하여 어두운 그라데이션의 [선형 왼쪽]을 선택합니다.

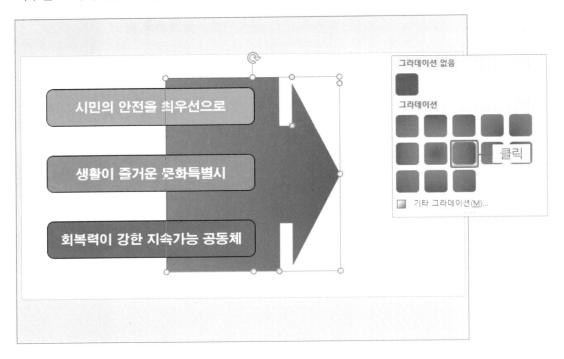

③ [삽입] 탭의 [텍스트] 그룹에서 [📄 텍스트 상자]-[가로 텍스트 상자]를 선택한 다음 마우스로 드래그하여 텍스트 상자를 삽입합니다. 텍스트 상자에 그림과 같이 내용을 입력하고 글꼴(휴먼엑스포)과 글꼴 크기(36pt)를 설정합니다.

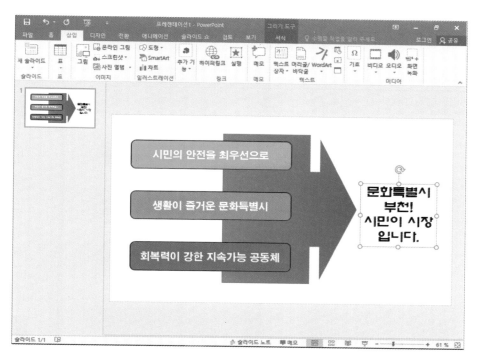

④ 텍스트 상자를 선택한 다음 [그리기 도구]-[서식] 탭의 [도형 스타일] 그룹에서 ◻ (도형 효과)를 클릭하여 반사 효과를 지정합니다. 여기서는 근접 반사, 터치를 적용하였습니다. 슬라이드 왼쪽 상단에서 마우스 왼쪽 단추를 누른 상태로 드래그하여 도형을 모두 선택한 다음 마우스 오른쪽 단추를 클릭하여 [그룹화]-[그룹]을 클릭하여 도형을 그룹으로 묶습니다.

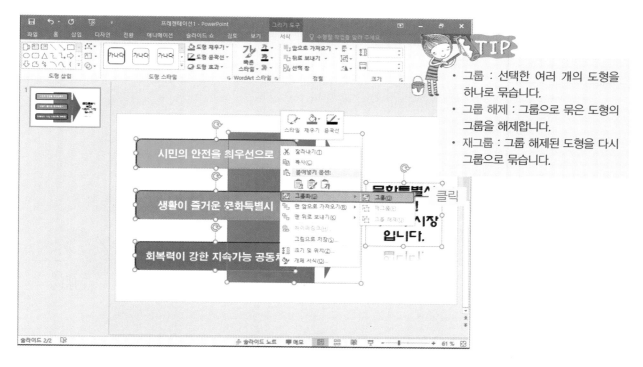

셀프 테스트

01 '우주03' 테마와 도형을 이용하여 표지 슬라이드를 만드세요.

제목 글꼴 : 휴먼엑스포, 48pt
부제목 글꼴 : 휴먼모음T, 24pt

02 '제목만' 슬라이드 레이아웃을 삽입하여 그림과 같이 슬라이드를 만드세요.

제목 글꼴 : 맑은 고딕(제목), 40pt
숫자 도형 글꼴 : Arial Blank, 48pt
도형 글꼴 : 휴먼모음T, 28pt

03 슬라이드를 추가하여 도형 효과를 적용하여 그림과 같이 슬라이드를 만드세요.

제목 글꼴 : Corbel, 40pt
원 도형 글꼴 : 휴먼엑스포, 32pt
직사각형 도형 글꼴 : Tw Cen MT, 28pt

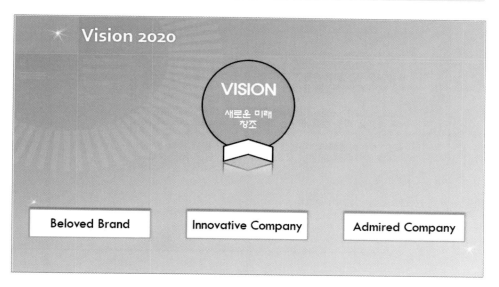

04 그림과 같이 도형을 이용하여 슬라이드를 작성하고 도형을 그룹화시켜 보세요.

제목 글꼴 : 맑은 고딕(제목), 40pt
도형 글꼴 : 휴먼모음T, 44pt

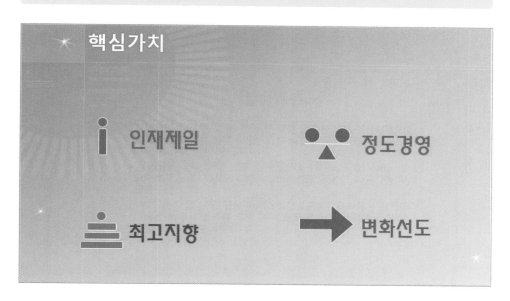

08 워드아트로 슬라이드 꾸미기

Section

텍스트에 다양한 특수 효과를 설정하여 여러 형태의 글꼴을 만들 수 있는 기능으로 색, 질감, 무늬, 그림과 같은 채우기 효과, 그림자 효과, 3차원 효과를 모두 적용할 수 있습니다.

01 워드아트 삽입하기 ★

1 '추진계획.pptx' 파일을 불러옵니다. [삽입] 탭의 [텍스트] 그룹에서 가 (WordArt)를 클릭하여 [흰색, 윤곽선-강조 2, 진한 그림자 – 강조 2]를 선택하고 워드아트 스타일을 선택합니다.

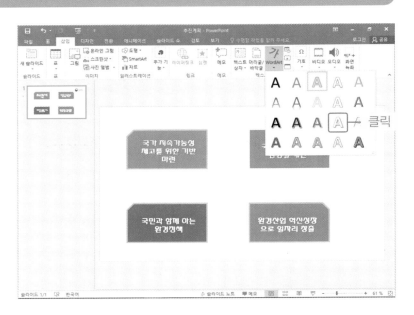

2 삽입된 슬라이드에 그림과 같이 내용을 입력합니다. 삽입된 워드아트를 선택한 다음 [홈] 탭의 [글꼴] 그룹에서 그림과 같이 글꼴 서식을 설정합니다.

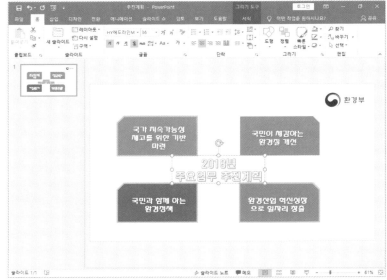

- 글꼴 : HY헤드라인M
- 글꼴 크기 : 30pt

1 [그리기 도구]-[서식] 탭의 [WordArt 스타일] 그룹에서 가 ▼ (텍스트 효과)-[변환]-[역삼각형]을 클릭합니다.

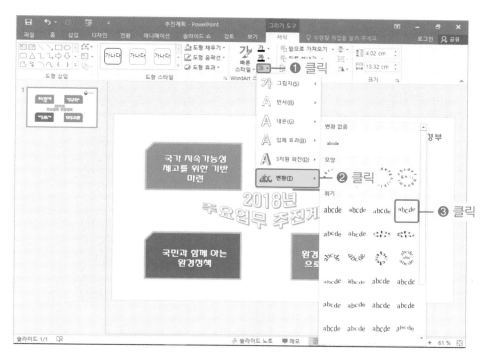

2 [그리기 도구]-[서식] 탭의 [WordArt 스타일] 그룹에서 가 ▼ (텍스트 효과)-[그림자]-[오프셋 아래쪽]을 클릭하여 그림자 효과를 지정합니다.

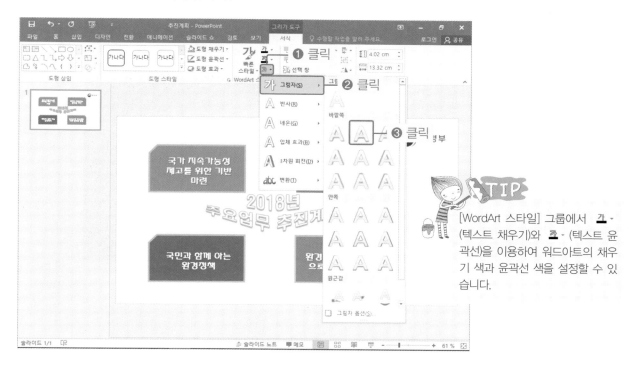

TIP

[WordArt 스타일] 그룹에서 가 ▼ (텍스트 채우기)와 가 ▼ (텍스트 윤곽선)을 이용하여 워드아트의 채우기 색과 윤곽선 색을 설정할 수 있습니다.

셀프 테스트

01 워드아트와 테마(이온)를 이용하여 그림과 같이 표지 슬라이드를 만들어 "연간실적.pptx" 파일로 저장하세요.

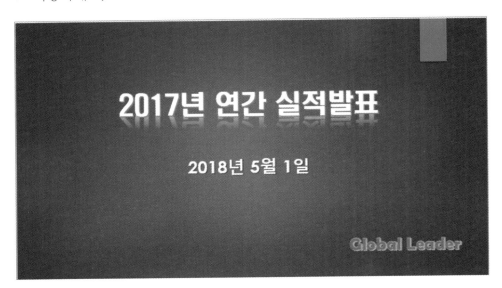

02 제목만 슬라이드를 삽입하여 도형과 워드아트를 이용하여 그림과 같이 만드세요.

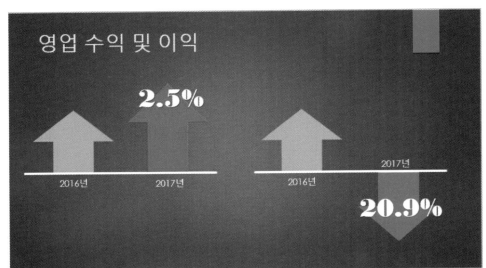

03 '워크숍.pptx' 파일을 불러와 워드아트와 도형을 이용하여 슬라이드 표지를 만드세요.

04 2번 슬라이드에 워드아트를 이용하여 그림과 같이 슬라이드를 만드세요.

09 스마트아트 삽입하기

S·e·c·t·i·o·n

SmartArt 그래픽은 도형으로 그리기 어려운 목록형, 프로세스형, 주기형, 계층 구조형 등 다양한 다이어그램을 쉽고 빠르게 만들 수 있습니다.

01 가로 글머리 기호 목록형 스마트아트 삽입하기 ★

1 '프로그램.pptx' 파일을 불러옵니다. 2번 슬라이드를 선택한 다음 [삽입] 탭의 [일러스트레이션] 그룹에서 [SmartArt]를 클릭합니다. [SmartArt 그래픽 선택] 대화상자에서 '목록형-가로 글머리 기호 목록형'을 선택한 후 [확인]을 클릭합니다.

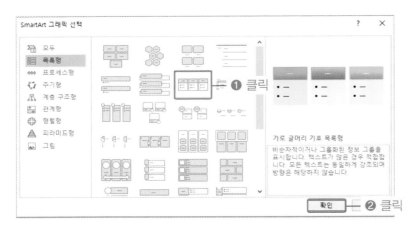

2 삽입된 스마트아트 도형에 그림과 같이 내용을 입력한 다음 크기 조절핸들을 이용하여 스마트아트의 너비와 높이를 조절합니다.

1 삽입한 스마트아트를 선택한 다음 [SmartArt 도구]–[디자인] 탭의 [SmartArt 스타일] 그룹에서 ⁘ (색 변경)을 클릭하여 '색상형 범위, 강조색 2 또는 3'을 선택합니다.

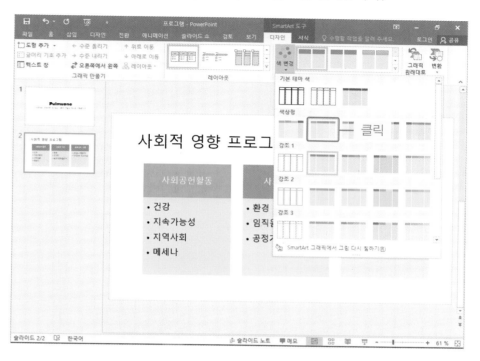

2 SmartArt 스타일을 설정하기 위해 [SmartArt 도구]–[디자인] 탭의 [SmartArt 스타일] 그룹에서 ▽ (자세히) 단추를 클릭하여 '3차원 만화' 스타일을 선택합니다.

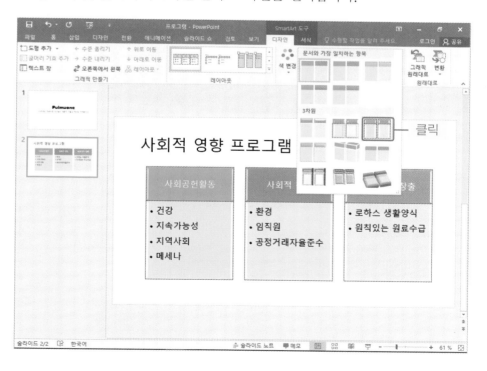

셀프 테스트

01 수렴 방사형 스마트아트를 삽입하고 서식을 설정하세요.

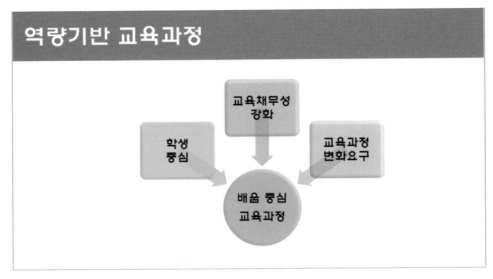

02 '이온 회의실' 테마를 설정하고 오름차순 화살표 프로세스형 스마트아트를 그림과 같이 삽입하세요.

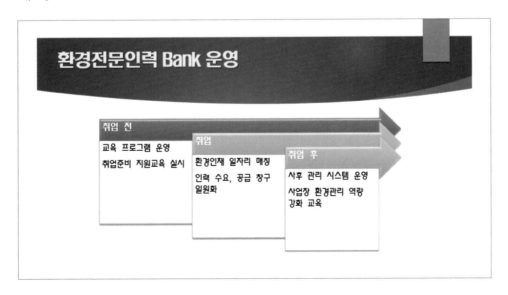

03 '심플' 테마를 설정하고 가로 글머리 기호 목록형 스마트아트를 그림과 같이 삽입하세요.

2018년도 경영목표

기존사업 강화	신규사업 확대	수익 극대화
• 유럽 현지 법인 설립을 통한 해외 사업 강화 • 해외 홍보 강화 및 마케팅 방안 마련 • 신규 영업점 발굴 및 유통 확보	• K팝 스타 팬 미팅 및 사인회 등을 개최하여 홍보 및 수익 창출 • 기획사와 지속적인 관계 유지를 통한 운영 대행 사업 및 MD 상품 제조 참여 • 신규 상품 발굴을 통한 해외 온/오프라인 유통 강화	• 신제품 판매 인프라 강화 • 상품 기획 및 제조 유통을 통한 수익 창출 • 직원 업무 능력 향상을 위한 자기 개발 지원

 04 '추억' 테마를 설정하고 연속 블록 프로세스형 스마트아트를 그림과 같이 삽입하세요.

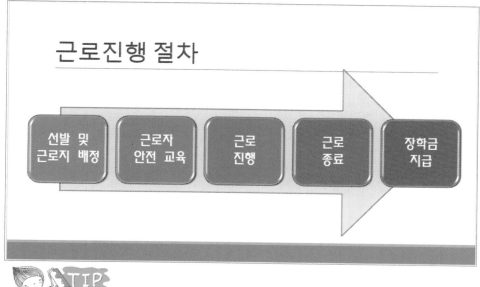

근로진행 절차

선발 및 근로지 배정 → 근로자 안전 교육 → 근로 진행 → 근로 종료 → 장학금 지급

TIP

[SmartArt 도구]-[디자인] 탭의 [그래픽 만들기] 그룹에서 도형 추가를 할 수 있습니다.

10 그림과 동영상 파일 삽입하기

S·e·c·t·i·o·n

컴퓨터에 저장되어 있는 그림 파일이나 동영상 파일을 슬라이드에 삽입하여 시각적으로 정보를 전달할 수 있습니다.

01 그림 삽입하기 ★

1 파워포인트를 실행한 후 슬라이드 레이아웃을 빈 화면으로 변경합니다. [삽입] 탭의 [이미지] 그룹에서 (그림)을 클릭합니다. [그림 삽입] 대화상자에서 '제주1.jpg' 파일을 선택한 후 [삽입]을 클릭합니다.

2 사진의 크기를 적당히 조절하여 그림과 같이 배치합니다. **Ctrl** + **Shift** 를 누른 상태로 이미지를 드래그하여 복사합니다.

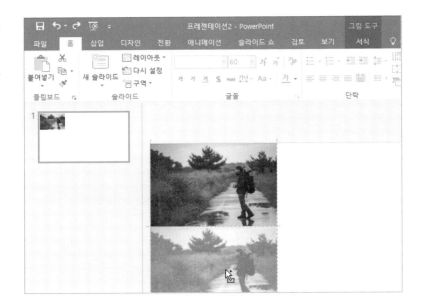

③ 복사한 이미지를 바꾸기 위해 [그림 도구]−[서식] 탭의 [조정] 그룹에서 🖾(그림 바꾸기)를 클릭합니다. [그림 삽입] 대화상자에서 [파일에서]를 클릭합니다.

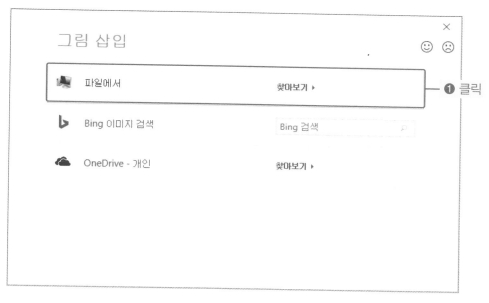

④ [그림 삽입] 대화상자에서 '제주2.jpg'를 선택하고 [삽입]을 클릭합니다.

5 같은 방법으로 그림과 같이 이미지를 삽입하고 크기를 조절합니다. 이미지 색을 변경하기 위해 **Shift** 를 누른 상태로 '제주2.jpg'와 '제주7.jpg' 이미지를 선택한 다음 [그림 도구]-[서식] 탭의 [조정] 그룹에서 🖼·(색)-[회색-25%, 배경색 2, 밝게]를 선택합니다.

6 워드아트를 그림과 같이 삽입하여 서식을 설정하고 슬라이드를 완성합니다.

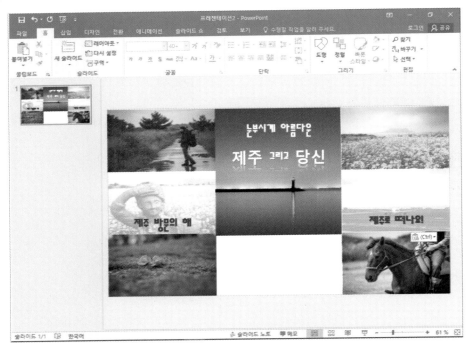

02 동영상 파일 삽입하기 ★

1️⃣ [삽입] 탭의 [미디어] 그룹에서 🎞 (비디오)-[내 PC의 비디오]를 클릭합니다. [비디오 삽입] 대화상자에
서 삽입할 동영상을 선택하고 [삽입]을 클릭합니다.

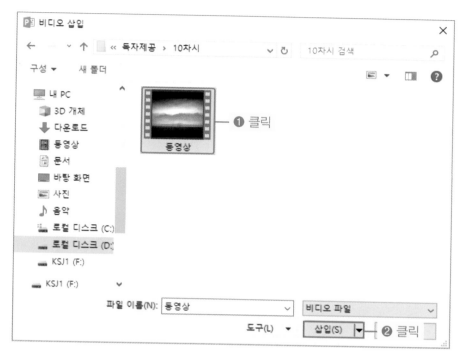

2️⃣ 동영상 크기를 적당히 조절하여 원하는 위치로 이동시킵니다. [비디오 도구]-[재생] 탭의 [비디오 옵션]
그룹에서 [전체 화면 재생]을 클릭합니다.

[비디오 도구]-[재생] 탭의 [비디오 옵션]
그룹에서 시작 목록 단추를 클릭하여 '자
동 실행'을 선택하면 슬라이드 쇼를 시작
할 때 자동으로 동영상이 재생됩니다.

동영상 파일은 저작권 문제로 배포할 수
없습니다. 개인 컴퓨터에 저장되어 있는
동영상으로 사용해주시기 바랍니다.

셀프 테스트

01 그림을 삽입하여 그림과 같이 슬라이드를 만드세요.

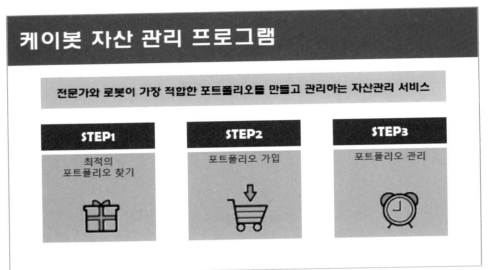

02 그림을 삽입하여 표지 슬라이드를 만드세요.

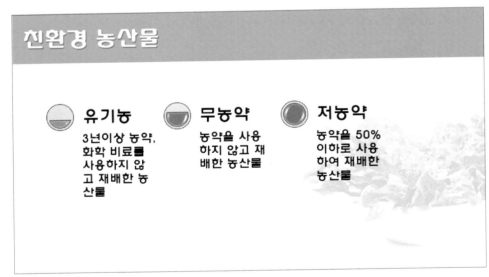

03 그림과 도형을 이용하여 그림과 같이 슬라이드를 만드세요.

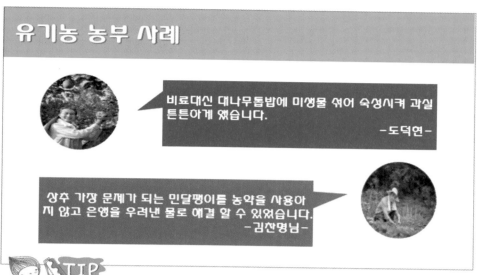

TIP

삽입한 그림을 선택한 다음 [그림 도구]−[서식] 탭의 [크기] 그룹에서 [자르기]−[도형에 맞춰 자르기]를 클릭하여 타원 도형을 선택하면 이미지가 원 모양으로 잘려집니다.

 04 스마트아트와 그림을 이용하여 그림과 같이 슬라이드를 만드세요.

11 표 만들기
S·e·c·t·i·o·n

표를 이용하여 복잡한 내용이나 숫자를 간략하게 요약하여 정리하면 내용을 쉽게 파악할 수 있습니다. 표 스타일을 이용하여 멋있는 표를 슬라이드에 삽입할 수 있습니다.

01 표 만들기 ★

1 '예방접종.pptx' 파일을 불러옵니다. [삽입] 탭의 [표] 그룹에서 ▦(표)-[표 삽입]을 클릭합니다. [표 삽입] 대화상자에서 열 개수는 "4", 행 개수는 "6"을 입력하고 [확인]을 클릭합니다.

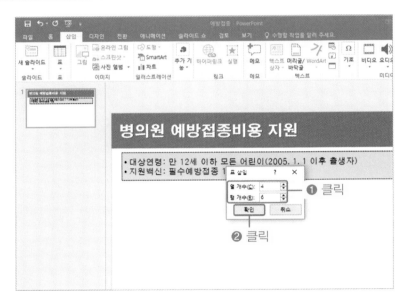

2 표가 삽입되면 그림과 같이 내용을 입력합니다. 표의 크기를 조절한 다음 셀의 세로 선을 마우스로 드래그하여 셀 크기를 조절합니다.

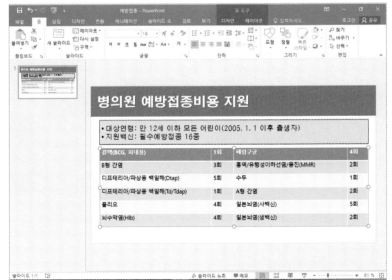

③ 줄을 추가하기 위해 표의 마지막 행에 커서를 위치시킨 다음 [표 도구]-[레이아웃] 탭의 [행 및 열] 그룹에서 ▦(아래에 삽입)을 클릭하여 새로운 행을 삽입한 다음 내용을 입력합니다.

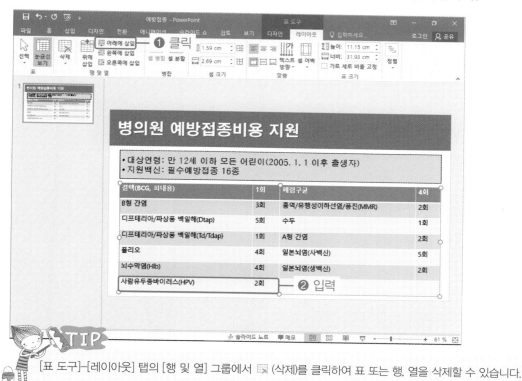

[표 도구]-[레이아웃] 탭의 [행 및 열] 그룹에서 ▨(삭제)를 클릭하여 표 또는 행, 열을 삭제할 수 있습니다.

④ 그림과 같이 셀을 블록 설정한 다음 [표 도구]-[레이아웃] 탭의 [병합] 그룹에서 ▦(셀 병합)을 클릭하여 셀을 하나로 합칩니다.

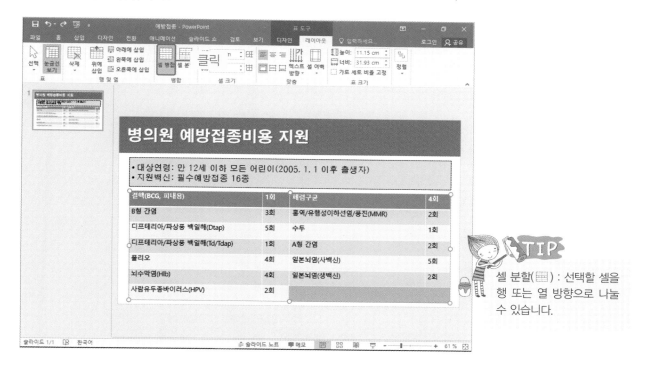

셀 분할(▦) : 선택할 셀을 행 또는 열 방향으로 나눌 수 있습니다.

1 표를 선택한 다음 [홈] 탭의 [글꼴] 그룹에서 글꼴을 '맑은 고딕, 20pt'로 설정합니다. [홈] 탭의 [단락] 그룹에서 '가운데 맞춤'을 선택한 다음 ⊞ (텍스트 맞춤)-[중간]을 클릭하여 세로를 가운데 정렬합니다.

2 [표 도구]-[디자인] 탭의 [표 스타일 옵션] 그룹에서 '머리글 행'의 체크 표시를 해제한 다음 [표 스타일] 그룹에서 표 스타일을 '밝은 스타일 1'을 선택합니다.

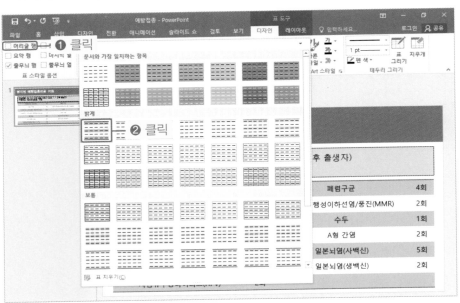

3 셀 전체를 블록 설정한 다음 [표 도구]-[디자인] 탭의 [테두리 그리기] 그룹에서 ✎ (펜 색)을 클릭하여 '흰색, 배경 1, 35% 더 어둡게'를 선택합니다.

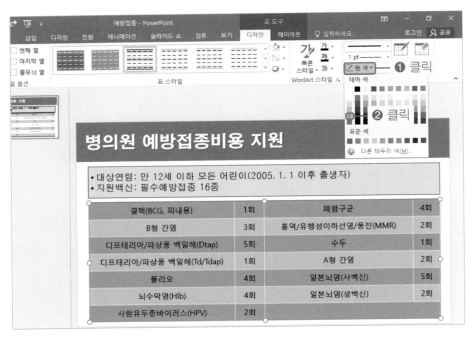

4 [표 도구]-[디자인] 탭의 [표 스타일] 그룹에서 ▦(테두리)-[안쪽 테두리]를 클릭합니다.

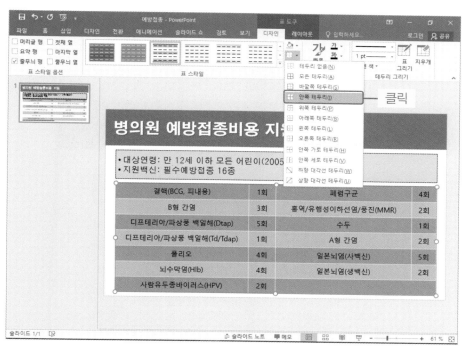

5 마지막 셀에 커서를 위치시킨 다음 [표 도구]-[디자인] 탭의 [표 스타일] 그룹에서 ▦(테두리)-[하향 대각선 테두리]를 클릭합니다.

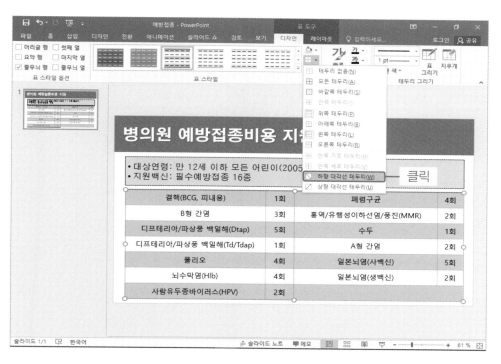

01 '콘텐츠 2개' 레이아웃을 이용하여 그림과 같이 표를 만들어 표 스타일을 설정하세요.

서울형주택바우처지원 현황

구분	기준중위소득	중위소득 60%
1인가구	1,624,831	974,899
2인가구	2,766,603	1,659,962
3인가구	3,579,019	2,147,411
4인가구	4,391,434	2,634,860
5인가구	5,203,849	3,122,309
6인가구	6,016,265	3,609,759

가구수	월지급액
1인가구	50,000
2인가구	55,000
3인가구	60,000
4인가구	65,000
5인가구	70,000
6인가구	75,000

02 그림과 같이 표를 삽입하여 표 서식을 설정하세요.

보건소 어린이 무료 예방접종 안내

백신명	접종시기	백신명	접종시기
BCG(피내용)	생후 4주 이내	MMR	12~15개월, 만4~6세
B형간염	0, 1, 6개월	수두	12~15개월
DTaP	2, 4, 6, 15~18개월, 만4~6세	A형간염	12~36개월
Td/Tdap	만11~12세	일본뇌염(사백신)	12~36개월, 만6세, 만12세
IPV(폴리오)	2, 4, 6개월, 만4~6세	일본뇌염(생백신)	12~36개월
Hib(뇌수막염)	2, 4, 6, 12~15개월	HPV(자궁경부암)	만12세
폐렴구균	2, 4, 6, 12~15개월		

'환경.pptx' 파일을 불러와 그림과 같이 표 서식을 설정하세요.

온실가스 배출량 및 흡수량

분야	온실가스 배출량		1990년 대비 2015년 증감률	2014년 대비 2015년 증감률
	2014년	2015년		
에너지	597.7	601.0	149.0%	0.6%
산업공정	55.2	52.2	164.0%	-5.5%
농업	20.8	20.6	-3.2%	-1.2%
폐기물	15.4	16.4	56.7%	6.4%
총배출량 (LULUCF 제외)	689.2	690.2	135.7%	0.2%
순배출량 (LULUCF 포함)	646.7	645.8	149.6%	-0.1%

 TIP

'테마 스타일 1 – 강조 4' 표 스타일을 설정하세요.

 제목만 슬라이드를 삽입하여 그림과 같이 표를 삽입하고 표 스타일을 설정하세요.

6대 온실가스

온실 가스	주요 배출원	GWP	온실효과 기여도	국내총 배출량
CO2	석탄 및 석유 연소	1	55	88.6
CH4	음식물 쓰레기 부패 등	21	15	4.8
N2O	석탄, 질소비료 폐기물 소각	310	6	2.8
HFCs	냉매	1,300 ~ 23,900	24	3.8
PFCs	세정제			
SF6	절연체			

 TIP

'테마 스타일 1 – 강조 4' 표 스타일을 설정하세요.

12 차트 만들기

S·e·c·t·i·o·n

숫자 자료를 시각적으로 표시하여 정보를 빠르게 이해할 수 있습니다.

01 차트 삽입하기 ★

1 '판매현황.pptx' 파일을 불러옵니다. 2번 슬라이드를 선택한 후 [삽입] 탭의 [일러스트레이션] 그룹에서 ▮▮(차트)를 클릭합니다. [차트 삽입] 대화상자에서 [세로 막대형]의 묶은 세로 막대형을 선택하고 [확인]을 클릭합니다.

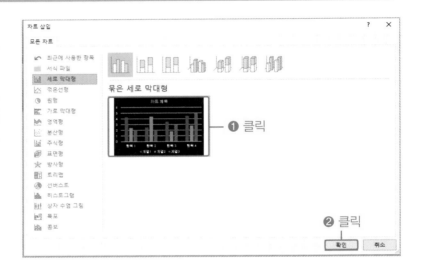

2 [Microsoft PowerPoint의 차트] 대화상자가 나타나면 그림과 같이 데이터를 입력합니다. 파란색 데이터 영역 채우기 핸들을 입력한 데이터 영역까지 드래그하여 데이터 영역을 지정한 후 [닫기]를 클릭합니다.

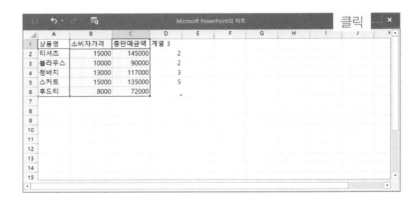

③ 차트 제목에 "2019년 상반기 제품별 판매현황"을 입력합니다.

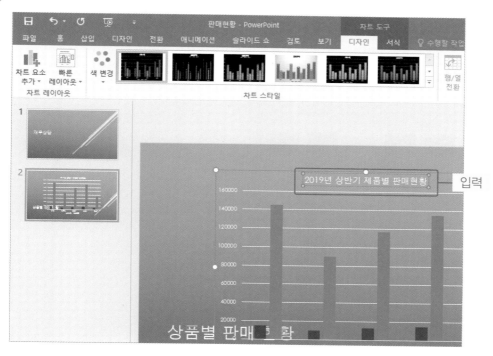

④ 입력된 차트 데이터를 수정하기 위해 [차트 도구]-[디자인] 탭의 [데이터] 그룹에서 ▨(데이터 편집)을 클릭합니다. [Microsoft PowerPoint의 차트] 대화상자가 나타나면 티셔츠의 판매금액을 "180000"으로 수정하고 [닫기]를 클릭합니다.

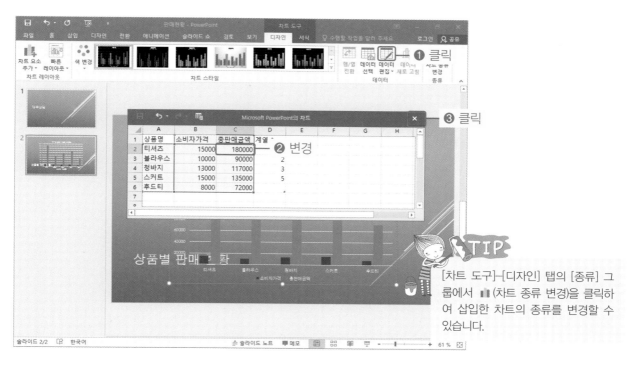

[차트 도구]-[디자인] 탭의 [종류] 그룹에서 ▮▮(차트 종류 변경)을 클릭하여 삽입한 차트의 종류를 변경할 수 있습니다.

1 데이터 표를 표시하기 위해 차트 영역을 선택하여 ┼(차트 요소)를 클릭하고 '데이터 표'에 체크 표시를 합니다.

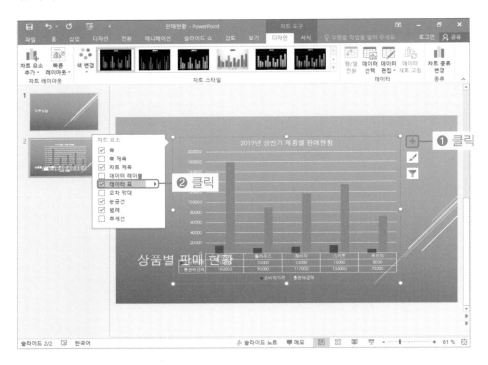

2 [차트 도구]-[디자인] 탭의 [차트 스타일] 그룹에서 ⋮⋮ (색 변경)-[색 14]를 선택합니다.

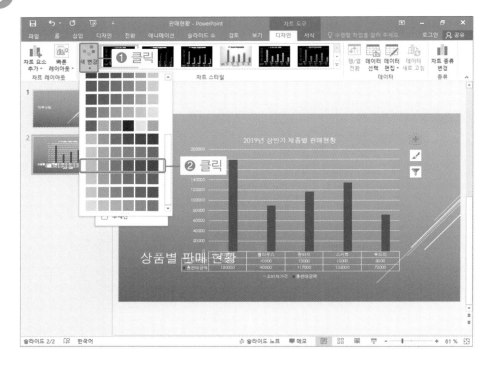

③ 차트 크기를 조절합니다. 차트 영역을 선택한 다음 [홈] 탭의 [글꼴] 그룹에서 차트 전체 글꼴(굴림)과 글꼴 크기(12pt), 글꼴 색(검정)을 설정합니다. 제목 텍스트 상자를 선택한 다음 제목 서식을 'HY헤드라인 M', '20pt'로 설정합니다.

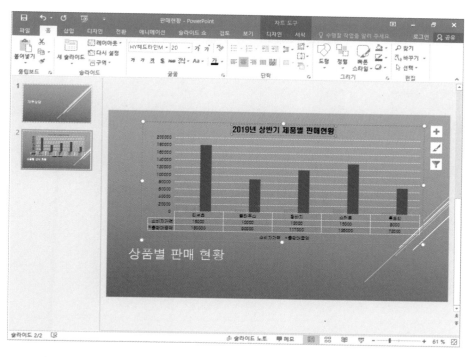

④ 세로 (값) 축 서식을 더블클릭합니다. [축 서식] 창이 열리면 단위의 주 값을 "40000"으로 수정한 다음 표시 형식을 클릭하여 범주를 '숫자'로 설정합니다.

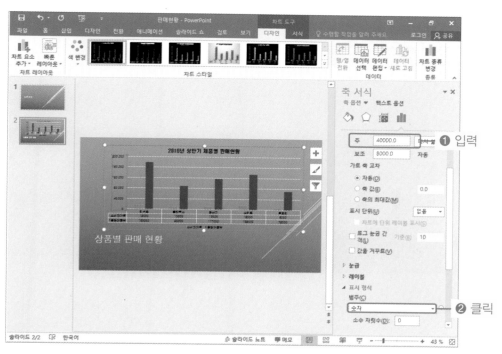

⑤ 차트 영역을 선택한 다음 [차트 영역 서식] 창에서 ◇ (채우기 및 선)을 클릭합니다. 채우기 옵션에서 '단색 채우기'를 선택한 다음 색을 '흰색, 텍스트 1, 15% 더 어둡게'를 선택합니다.

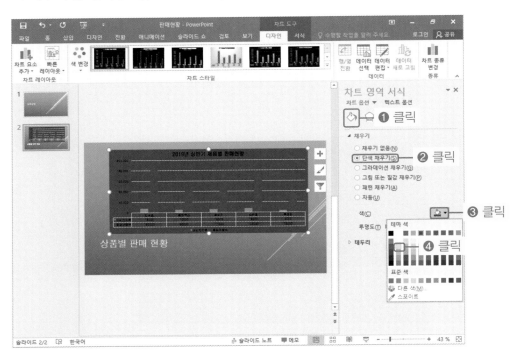

⑥ 총 판매금액 막대를 선택한 다음 다시 티셔츠의 판매금액 막대를 클릭하면 총판매금액의 티셔츠 막대 요소만 선택됩니다. [데이터 요소 서식] 창에서 채우기를 클릭하여 색을 '빨강'으로 선택합니다.

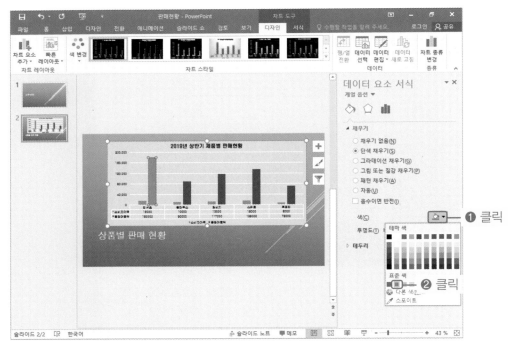

7 범례를 클릭하여 [범례 서식] 대화상자에서 (범례 옵션)을 클릭하여 범례 위치를 '위쪽'으로 선택합니다.

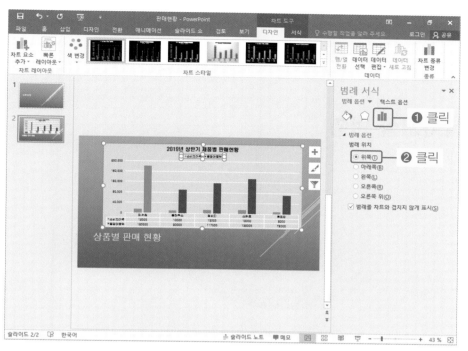

8 주 눈금선을 선택합니다. [주 눈금선 서식] 창에서 (채우기 및 선)을 클릭하여 '선 없음'을 선택합니다.

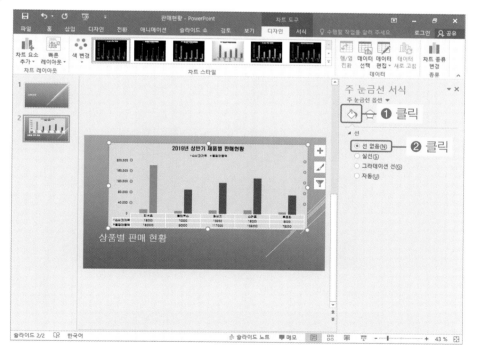

셀프 테스트

01 그림과 같이 3차원 원형 차트를 삽입하세요.

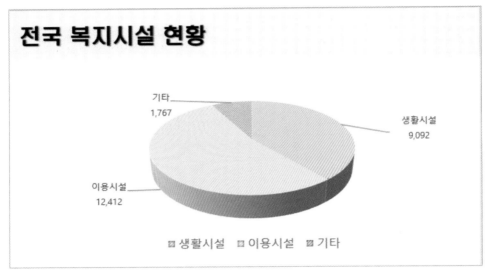

02 그림과 같이 추억 테마를 적용한 다음 혼합 차트를 만드세요.

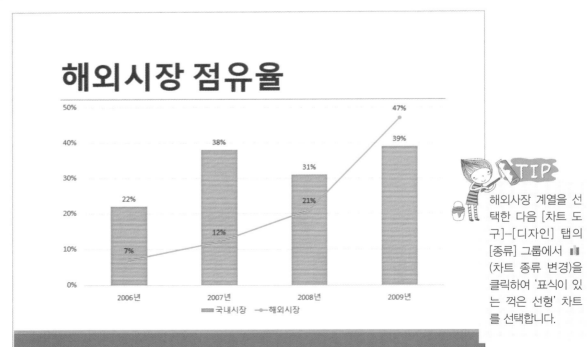

TIP

해외사장 계열을 선택한 다음 [차트 도구]–[디자인] 탭의 [종류] 그룹에서 (차트 종류 변경)을 클릭하여 '표식이 있는 꺾은 선형' 차트를 선택합니다.

03 테마(다마스크)를 이용하여 다음과 같은 세로 막대형 차트를 삽입하여 데이터 계열 서식을 변경하세요.

TIP 보조축 설정 : '남' 데이터 계열을 선택한 다음 [데이터 계열 서식] 창의 [계열 옵션]에서 '보조 축' 선택합니다.

04 육아휴직 차트를 다음과 데이터 표를 숨기고 데이터 레이블을 표시하세요.

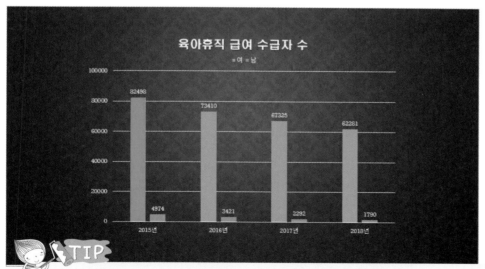

TIP 표식 옵션 : 꺾은 선형 차트의 표식 옵션을 선택한 다음 [데이터 계열 서식] 창의 [채우기 및 선]-[표식]에서 형식과 크기, 색을 변경할 수 있습니다.

13 슬라이드 마스터 디자인하기

S·e·c·t·i·o·n

슬라이드 마스터란 프레젠테이션을 통일성 있게 스타일을 설정하는 것으로 회사 로고나 페이지 번호 글꼴 서식 등을 모든 슬라이드에 적용할 수 있습니다.

01 슬라이드 마스터 설정 ★

1 '금연치료지원.pptx' 파일을 불러옵니다. [보기] 탭의 [마스터 보기] 그룹에서 (슬라이드 마스터)를 클릭합니다. 슬라이드 마스터 편집 화면 왼쪽 창에서 가장 위에 있는 슬라이드 마스터를 클릭합니다.

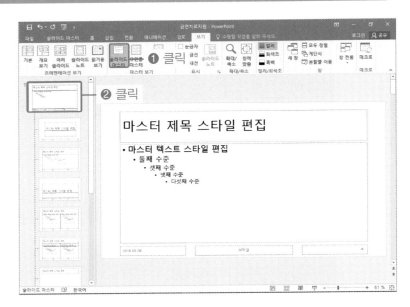

2 마스터 제목 텍스트 상자의 글꼴 서식을 변경하고 제목 텍스트 상자의 크기와 내용 텍스트 상자의 크기를 그림과 같이 변경합니다.

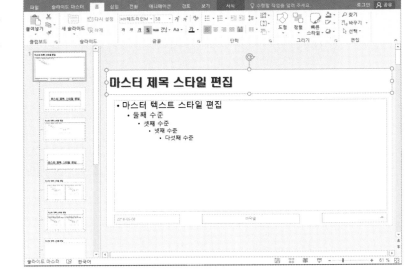

 TIP

• 제목 글꼴 : HY헤드라인M, 38pt
• 내용 텍스트 상자 : 맑은 고딕(본문), 28pt

③ 제목 텍스트 상자의 채우기 색을 설정하기 위해 [그리기 도구]–[서식] 탭의 🎨(도형 채우기)를 클릭하여 원하는 색을 선택합니다. [삽입] 탭의 [이미지] 그룹에서 🖼(그림)을 클릭합니다. [그림 삽입] 대화상자에서 '로고.jpg' 파일을 선택한 후 [삽입]을 클릭합니다.

④ 삽입한 그림을 화면 왼쪽 아래로 이동시키고 크기를 적당히 조절합니다.

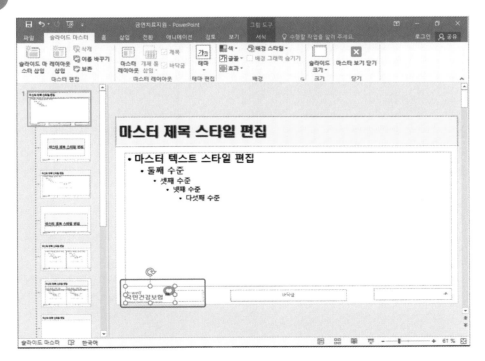

5 [삽입] 탭의 [텍스트] 그룹에서 #(슬라이드 번호)를 클릭합니다. [머리글/바닥글] 대화상자에서 '슬라이드 번호'와 '제목 슬라이드에는 표시 안 함'에 체크 표시를 한 후 [모두 적용]을 클릭합니다.

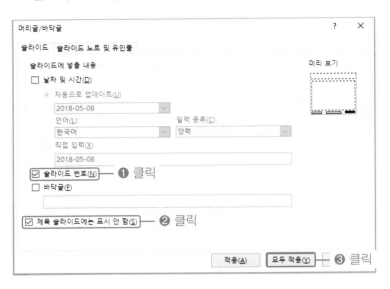

6 [슬라이드 마스터] 탭의 [크기] 그룹에서 □(슬라이드 크기)-[사용자 지정 슬라이드 크기]를 클릭합니다. [슬라이드 크기] 대화상자에서 슬라이드 시작 번호를 '0'으로 설정한 후 [확인]을 클릭합니다.

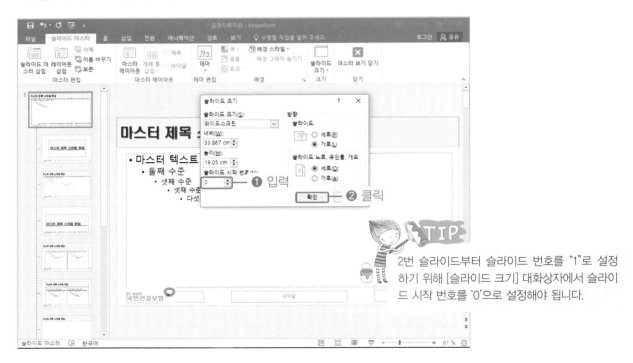

2번 슬라이드부터 슬라이드 번호를 "1"로 설정하기 위해 [슬라이드 크기] 대화상자에서 슬라이드 시작 번호를 '0'으로 설정해야 됩니다.

1 왼쪽 창에서 '제목 슬라이드 레이아웃'을 선택합니다. 제목 텍스트 상자를 선택한 다음 [그리기 도구]-[서식] 탭의 [도형 스타일] 그룹에서 🔻(도형 채우기)-[채우기 없음]을 선택합니다.

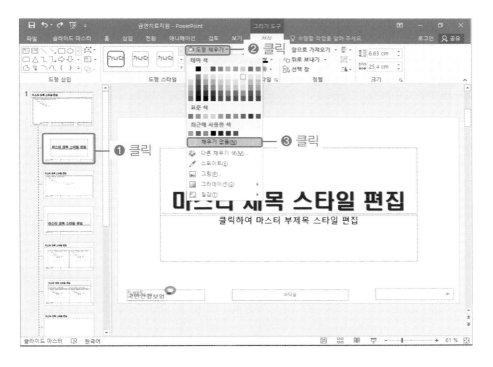

2 제목 슬라이드에서 로고 그림을 숨기기 위해 [슬라이드 마스터] 탭의 [배경] 그룹에서 '배경 그래픽 숨기기'에 체크 표시를 한 후 ☒(마스터 보기 닫기)를 클릭하여 모든 슬라이드의 디자인을 확인합니다.

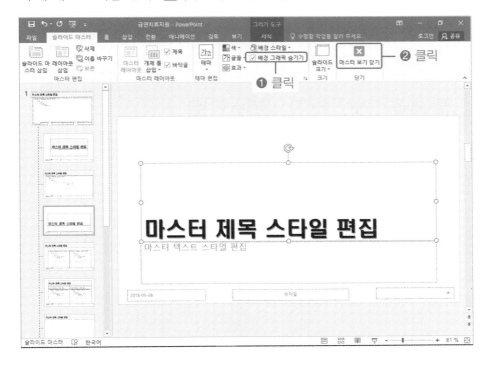

셀프 테스트

01 '전시회.pptx' 파일을 불러와 그림과 같이 텍스트 글꼴과 슬라이드 번호, 그림을 삽입하여 슬라이드 마스터를 디자인하세요.(삽입 그림 : art.png)

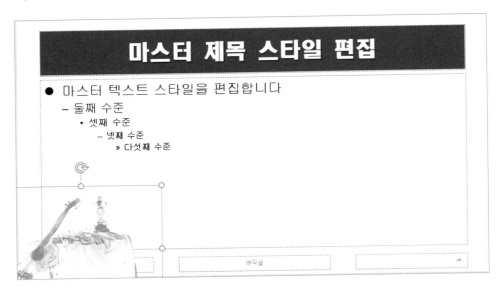

02 제목 슬라이드에는 그림과 슬라이드 번호가 표시되지 않게 설정하세요.

행복을 그린 화가, 르누아르

Renoir : Promise of Happiness

'추억' 테마를 적용하여 슬라이드 마스터에서 그림과 같이 디자인을 변경하세요.

 도형을 삽입하여 그림과 같이 디자인을 한 다음 '추억.pptx'로 저장하세요.

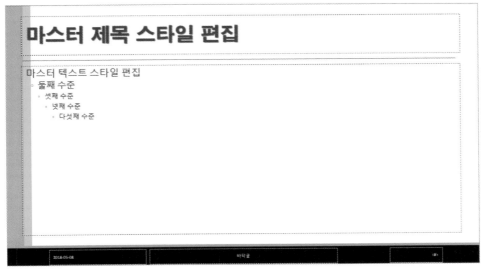

14

S·e·c·t·i·o·n

사용자 지정
애니메이션 설정하기

슬라이드에 삽입한 텍스트, 그림, 표, 차트 등 여러 개체에 다양한 애니메이션을 설정하여 청중의 집중도를 향상시킬 수 있습니다.

01 애니메이션 설정하기 ★

1 '도시환경조성사업.pptx' 파일을 불러옵니다. 표지 슬라이드에서 투명선 이미지를 선택한 다음 [애니메이션] 탭의 [애니메이션] 그룹에서 자세히 단추를 클릭하여 [추가 나타내기 효과]를 클릭합니다.

2 [나타내기 효과 변경] 대화상자에서 기본 효과의 '닦아내기'를 선택한 후 [확인]을 클릭합니다.

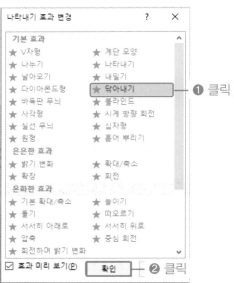

3 [애니메이션] 그룹에서 ↑ (효과 옵션)을 클릭하여 '오른쪽에서'를 선택합니다.

4 2번 슬라이드의 텍스트 상자를 선택한 다음 [애니메이션] 탭의 [애니메이션] 그룹에서 '나타내기'를 클릭한 다음 ≔ (효과 옵션)을 클릭하여 '모두 한 번에'를 선택합니다.

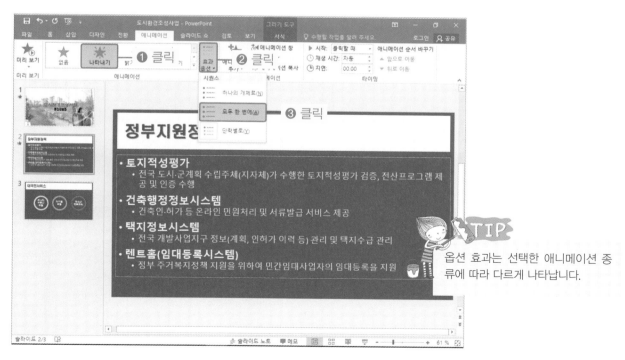

옵션 효과는 선택한 애니메이션 종류에 따라 다르게 나타납니다.

1 3번 슬라이드의 첫 번째 그림을 선택한 다음 [애니메이션] 탭의 [애니메이션] 그룹에서 '시계 방향 회전'을 선택합니다. [타이밍] 그룹에서 시작을 '이전 효과 다음에'로 지정하고, 재생 시간을 '1.5'초로 설정합니다.

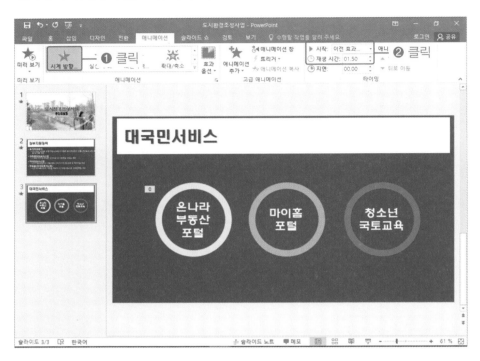

2 선택한 이미지에 적용한 애니메이션을 복사하기 위해 [고급 애니메이션] 그룹에서 ✱ (애니메이션 복사) 를 클릭합니다.

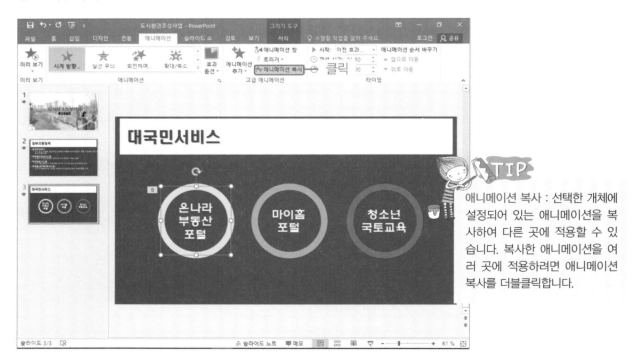

TIP

애니메이션 복사 : 선택한 개체에 설정되어 있는 애니메이션을 복사하여 다른 곳에 적용할 수 있습니다. 복사한 애니메이션을 여러 곳에 적용하려면 애니메이션 복사를 더블클릭합니다.

③ 마우스 포인터 모양(⇦⬆)이 바뀌면 두 번째 이미지와 세 번째 이미지를 차례를 클릭하여 애니메이션을 복사한 후 Esc 를 눌러 애니메이션 복사를 취소합니다.

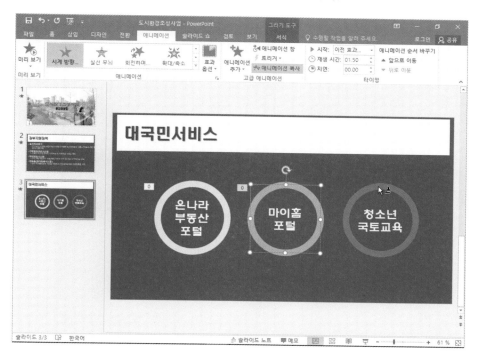

④ [애니메이션] 탭의 [미리보기] 그룹에서 ★ (미리 보기)를 클릭하여 애니메이션을 확인합니다.

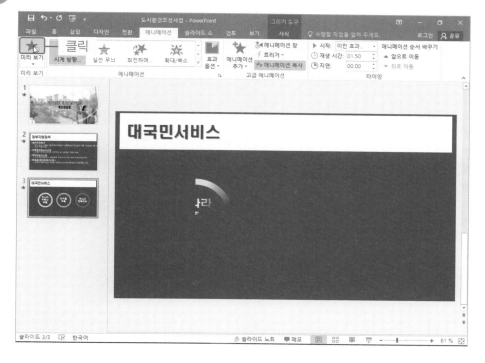

셀프 테스트

01 '캠페인.pptx' 파일을 불러와 표지 이미지에 '회전하며 밝기 변화' 애니메이션을 설정하세요.

02 2번 슬라이드의 내용 텍스트 상자에 그림과 같이 애니메이션을 설정하세요.

애니메이션 : 올라오기, 효과 옵션 : 단락별로, 재생시간 : 0.5초

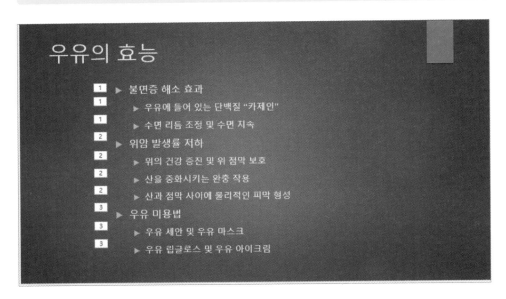

제목만 슬라이드 레이아웃에 차트를 삽입하여 그림과 같이 애니메이션을 설정하세요.

애니메이션 : 닦아내기, 효과 옵션 : 아래에서 / 항목별로, 재생시간 :– 0.5초

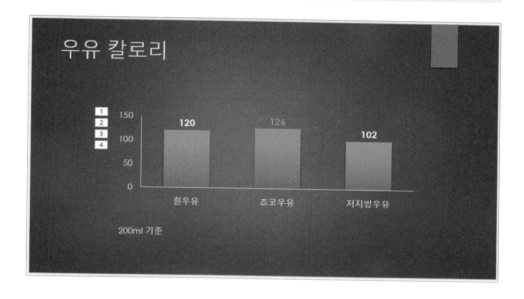

 제목만 슬라이드 레이아웃에 그림과 같이 스마트아트를 삽입하여 '확대/축소' 애니메이션을 설 정하세요.

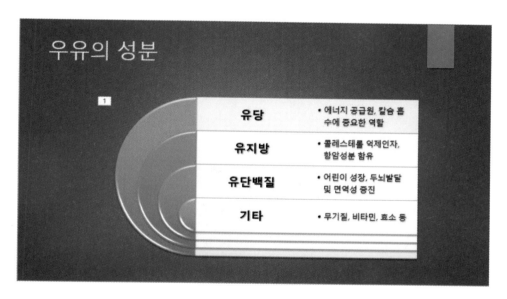

15 화면 전환 효과 설정하기

S·e·c·t·i·o·n

슬라이드 쇼 진행시 다른 슬라이드로 바뀔 때 날아오기, 닦아내기 등의 다양한 효과를
설정할 수 있습니다.

01 화면 전환 설정하기 ★

1 '고용보험.pptx' 파일을 불러옵니
다. 첫 번째 슬라이드에서 [전환]
탭의 [슬라이드 화면 전환] 그룹에
서 '덮기'를 선택합니다.

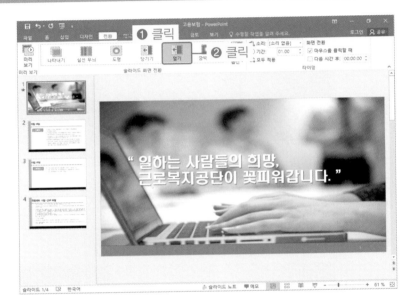

2 ◀(효과 옵션)을 클릭하여 '위에
서'를 선택합니다. [타이밍] 그룹에
서 소리 목록 단추를 클릭하여 '금
전 등록기'를 선택하고 ☑(모두
적용)을 클릭합니다.

TIP

☑(모두 적용)을 클릭하지 않으면 현재
슬라이드에만 화면 전환 효과가 적용됩니
다.

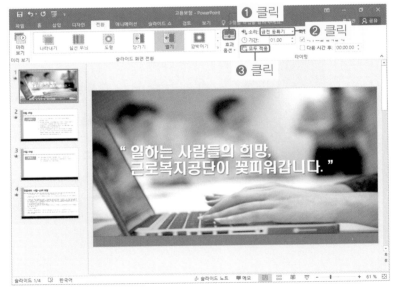

02 슬라이드 이동 방법 설정하기 ★

1 [전환] 탭의 [타이밍] 그룹에서 화면 전환의 '다음 시간 후'에 체크 표시를 한 다음 시간을 "00:01.00"으로 설정합니다.

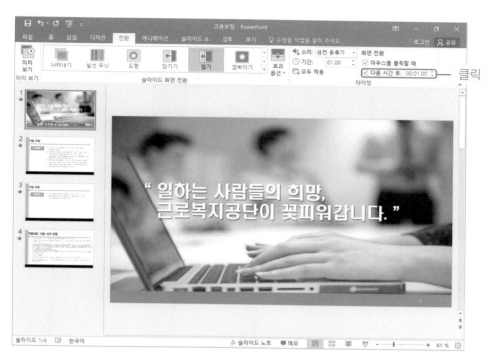

2 [슬라이드] 탭에서 2번 슬라이드를 선택한 다음 **Shift** 를 누른 상태로 4번 슬라이드를 클릭합니다. 타이밍] 그룹에서 화면 전환의 '다음 시간 후'에 체크 표시를 한 다음 시간을 "00:03:00"으로 설정합니다.

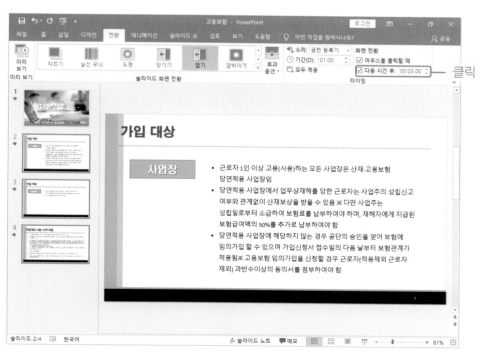

셀프 테스트

01 '실업대책.pptx' 파일을 불러와 제목 슬라이드에 그림과 같이 화면 전환 효과를 설정하세요.

화면 전환 효과 : 반짝이기, 효과 옵션 : 왼쪽으로 다이아몬드, 기간(3초)

02 2번과 4번 슬라이드에만 화면 전환 효과를 '나누기, 서로 바깥 쪽으로', 소리는 '동전'으로 설정하세요.

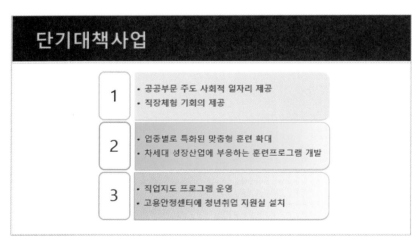

03 3번 슬라이드에 화면 전환 효과를 '닦아내기', 효과 옵션은 '오른쪽에서', 소리는 '동전'으로 설정하세요.

채용 추이

(단위 : 천명, %)

구분	2000년	2010년	2017년	2018년
취업자수	1,573	1,321	1,234	1,247
신규채용자수	218	256	185	166
경력자채용비중	40.7	73.3	78.7	81.8

 04 모든 슬라이드가 '30초' 후 자동으로 화면 전환이 되도록 설정하세요.

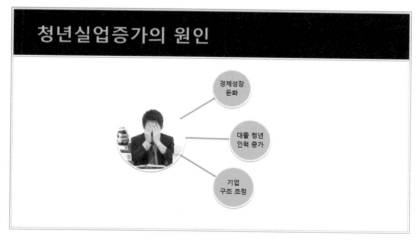

PowerPoint 2016

16 슬라이드 쇼 보기

S·e·c·t·i·o·n

작성한 프레젠테이션을 화면 크기로 진행되며, 작성한 슬라이드 순서대로 차례로 보여줍니다. 발표자는 필요에 따라 주석을 남기거나 원하는 슬라이드로 바로 이동할 수도 있습니다.

01 슬라이드 쇼 보기 ★

1 '회사소개.pptx' 파일을 불러옵니다. [슬라이드 쇼] 탭의 [슬라이드 쇼 시작] 그룹에서 🎬(처음부터)를 클릭합니다.

2 슬라이드 쇼가 시작되면 표지 슬라이드가 전체 화면 크기로 나타납니다. 다음 슬라이드로 이동하려면 슬라이드를 클릭합니다.

3 내용을 확대하기 위해 ⊕ (확대)를 클릭한 다음 확대할 내용 부분을 마우스로 클릭합니다.

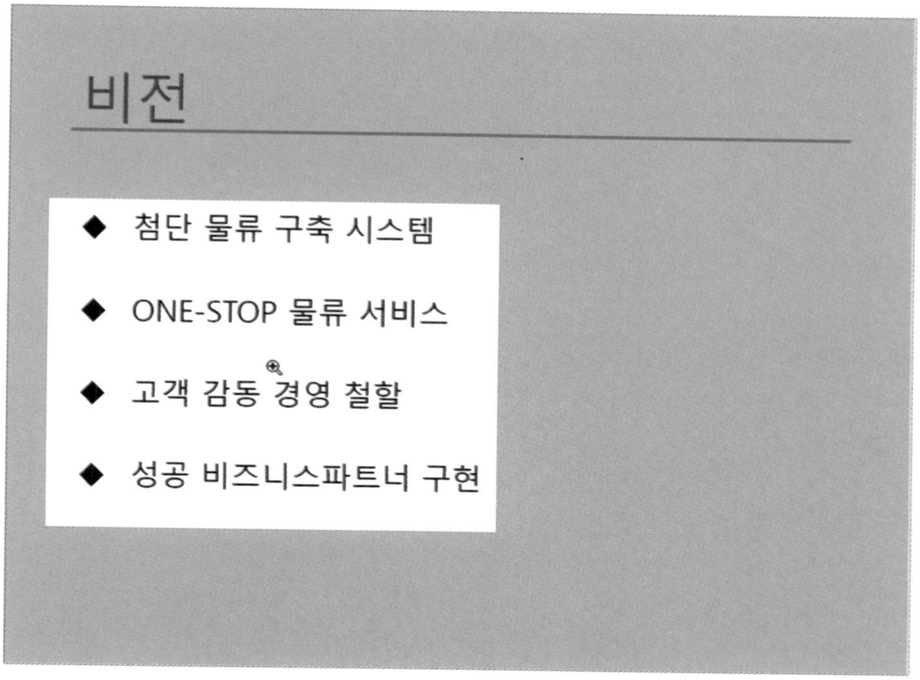

4 마우스로 클릭한 부분이 그림과 같이 확대되는 것을 확인할 수 있습니다. 이전 크기로 돌아기기 위해
Esc 를 누릅니다.

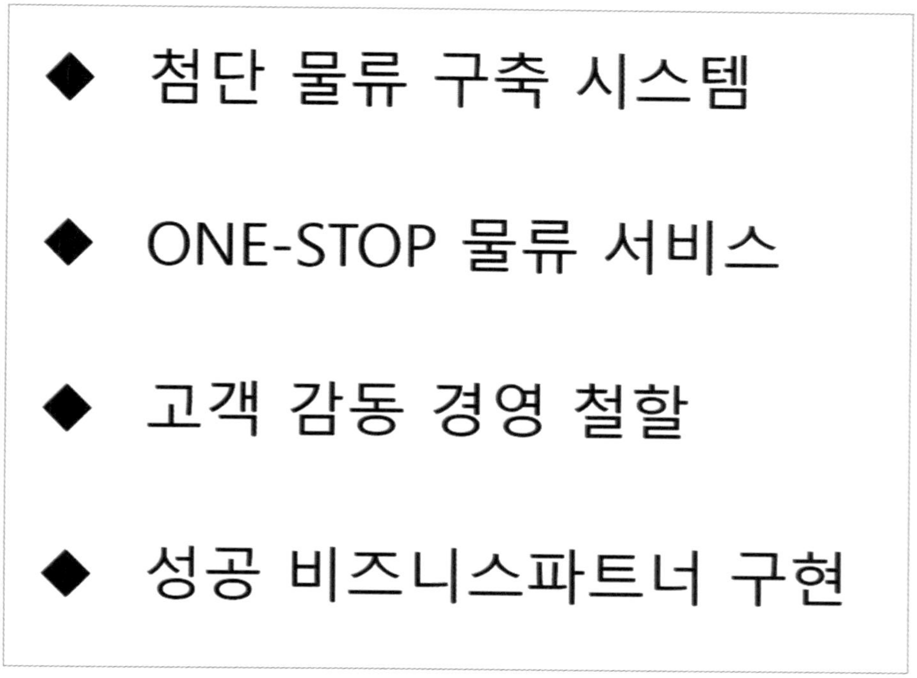

1 슬라이드 쇼 진행 중 주석을 달기 위해 ⊘(펜 옵션)을 클릭하여 [형광펜]을 선택합니다.

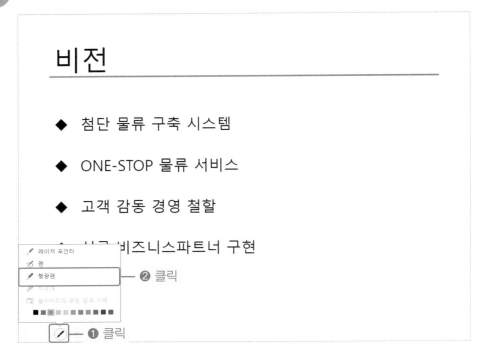

2 강조할 내용을 마우스로 드래그하면 그림과 같이 형광펜 효과가 나타납니다.

비전

◆ 첨단 물류 구축 시스템

◆ ONE-STOP 물류 서비스

◆ 고객 감동 경영 철할

◆ 성공 비즈니스파트너 구현

3 슬라이드 쇼가 끝나고 검은 화면이 나타나면 화면을 클릭합니다. 잉크 주석을 유지할 것인지 묻는 대화 상자가 나타나면 [예]를 클릭합니다.

4 그림과 같이 슬라이드 쇼를 진행하면서 표시한 주석이 슬라이드에 적용되어 나타납니다. 주석 표시 클릭 하여 *Delete* 를 누르면 주석 표시가 지워집니다.

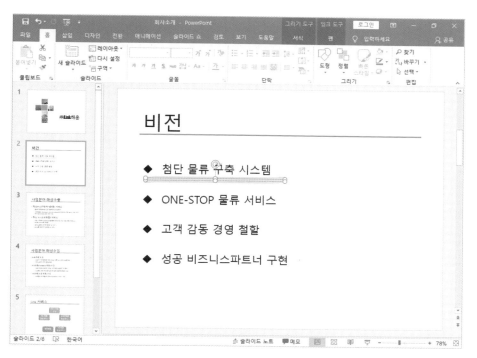

셀프 테스트

01 '실업대책.pptx' 파일을 불러와 처음부터 슬라이드 쇼를 실행해 보세요.

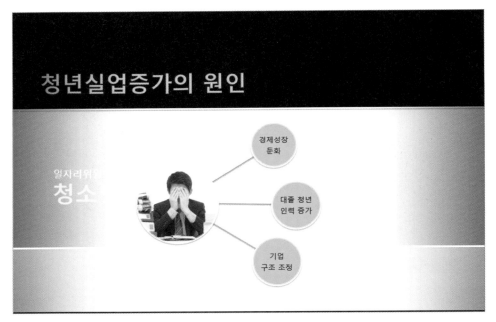

02 슬라이드 쇼를 실행하면서 특정 부분을 확대해 보세요.

채용 추이

			(단위 : 천명, %)	
구분	2000년	2010년	2017년	2018년
취업자수	1,573	1,321	1,234	1,247
신규채용자수	218	256	185	166
경력자채용비중	40.7	73.3	78.7	81.8

형광펜으로 강조할 내용을 표시해 보세요.

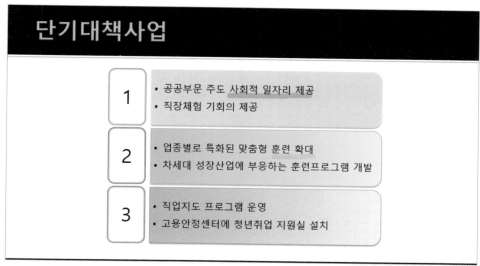

 3번 슬라이드를 숨기고 슬라이드 쇼를 실행해 보세요.

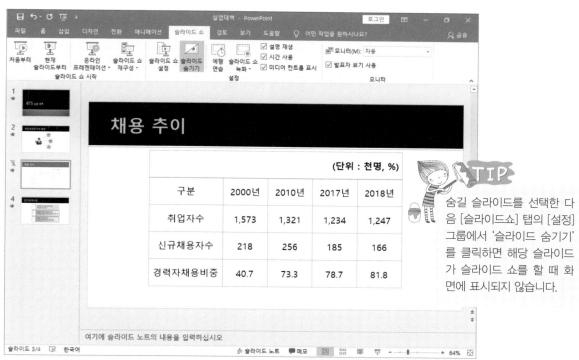

TIP
숨길 슬라이드를 선택한 다음 [슬라이드쇼] 탭의 [설정] 그룹에서 '슬라이드 숨기기'를 클릭하면 해당 슬라이드가 슬라이드 쇼를 할 때 화면에 표시되지 않습니다.

17 하이퍼링크와 실행 단추 삽입하기

S·e·c·t·i·o·n

슬라이드 쇼를 진행할 때 특정 페이지나 인터넷으로 이동할 수 있게 연결할 수 있으며, 실행 단추를 삽입하여 다른 슬라이드로 쉽게 이동할 수 있습니다.

01 하이퍼링크 설정하기 ★

1 '회사소개.pptx' 파일을 불러옵니다. 2번 슬라이드에서 첫 번째 'Vision' 도형을 선택한 다음 [삽입] 탭의 [링크] 그룹에서 ⊕(하이퍼링크)를 클릭합니다.

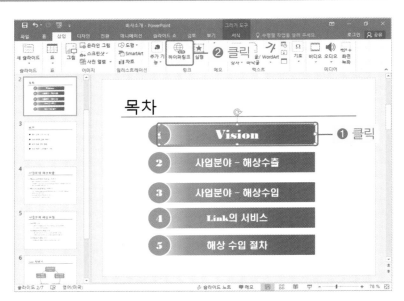

2 [하이퍼링크 편집] 대화상자에서 '현재 문서'를 선택하고 이 문서에서 위치 선택 목록에서 '3. 비전'을 선택한 다음 [확인]을 클릭합니다.

3 같은 방법으로 각 목차 도형의 하이퍼링크를 설정합니다. 목차 슬라이드에서 [슬라이드 쇼] 탭의 [슬라이드 쇼 시작] 그룹에서 🖥(현재 슬라이드부터)를 클릭합니다.

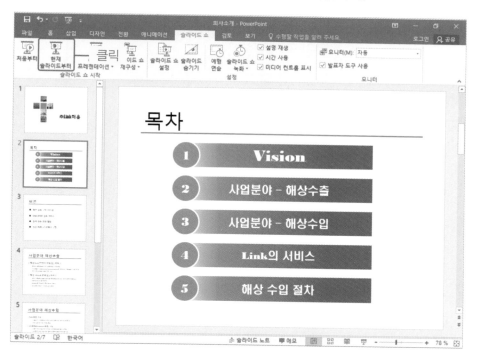

4 목차 슬라이드부터 슬라이드 쇼가 실행되면 이동할 슬라이드 목차를 클릭하면 해당 슬라이드로 이동합니다.

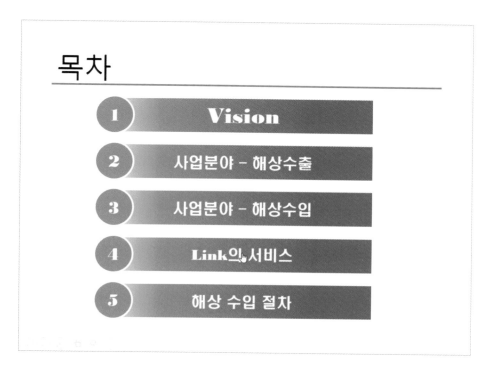

1 3번 슬라이드를 선택합니다. [삽입] 탭의 [일러스트레이션] 그룹에서 [도형]을 클릭하여 (실행 단추 : 홈)을 선택합니다. 적당한 위치에서 드래그하여 도형을 삽입하면 [실행 설정] 대화상자가 나타납니다.

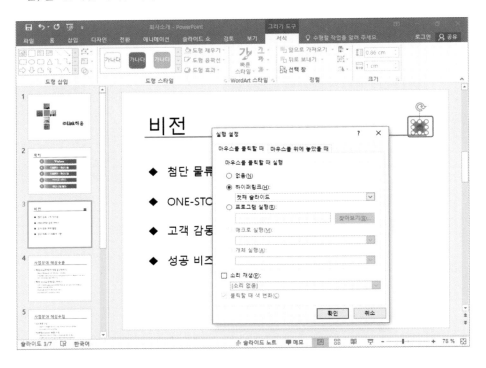

2 [실행 설정] 대화상자에서 하이퍼링크 목록 단추를 클릭하여 '슬라이드'를 선택합니다.

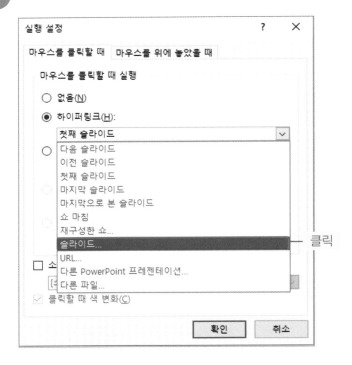

3 [슬라이드 하이퍼링크] 대화상자에서 '목차'를 선택하고 [확인]을 클릭한 다음 [실행 설정] 대화상자에서 도 [확인]을 클릭합니다.

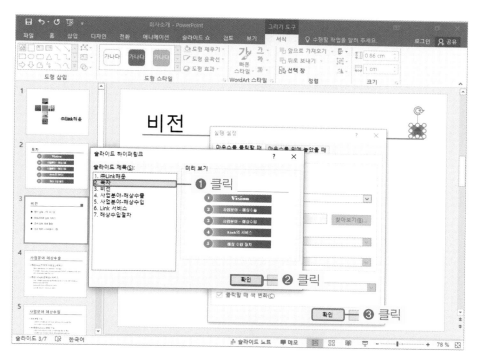

4 [그리기 도구]–[서식] 탭의 [도형 스타일] 그룹에서 도형 채우기와 윤곽선을 설정한 다음 **Ctrl** + **C** 를 눌러 홈 도형을 복사합니다.

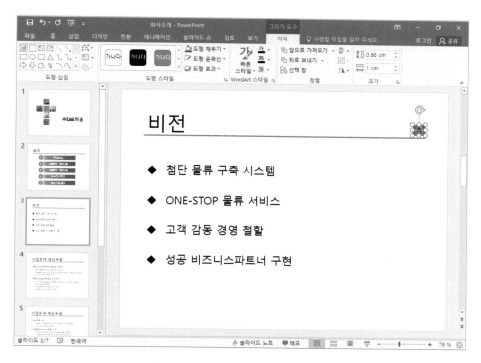

5 4번 슬라이드를 선택한 다음 **Ctrl** + **V** 를 눌러 복사한 홈 도형을 붙여 넣기합니다.

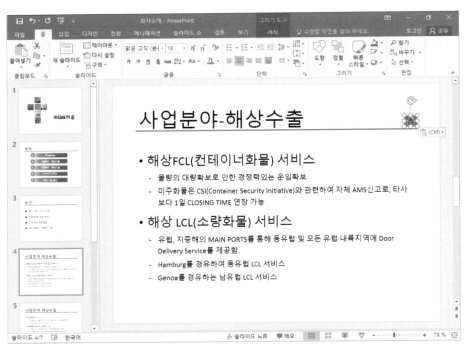

6 같은 방법으로 모든 슬라이드에 홈 도형을 붙여 넣기한 다음 [슬라이드 쇼] 탭의 [슬라이드 쇼 시작] 그룹에서 ▣(현재 슬라이드부터)를 클릭합니다.

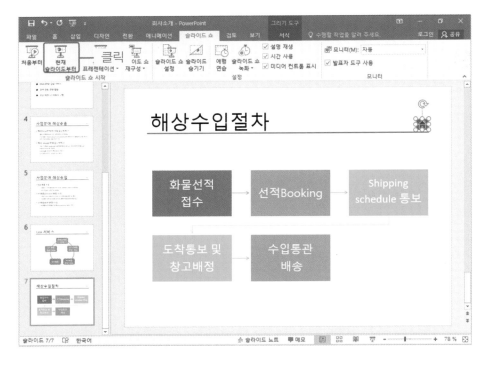

7 현재 슬라이드부터 슬라이드 쇼가 진행 되면 실행 단추 : 홈 버튼을 클릭합니다.

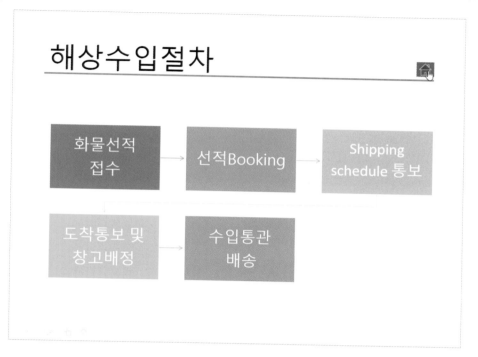

8 목차 슬라이드로 이동된 것을 확인할 수 있습니다.

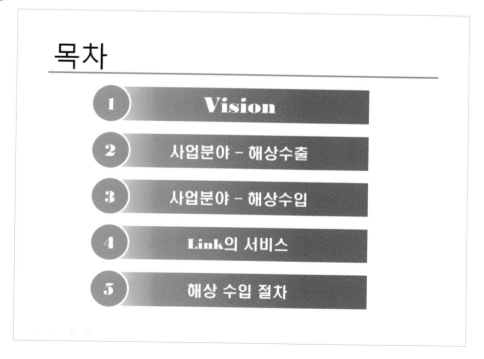

01 '상수도 백년사의 현장.pptx' 파일을 불러와 목차 슬라이드를 작성하여 각 슬라이드와 하이퍼링크를 설정하세요.

02 각 슬라이드에서 목차 슬라이드로 이동할 수 있는 실행 단추를 삽입하세요.

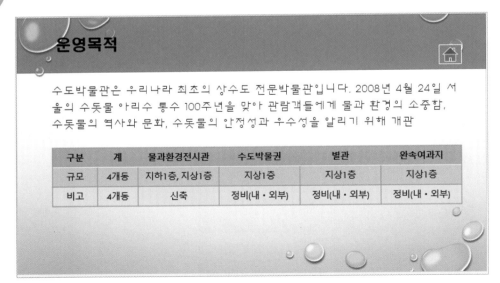

표지 슬라이드에서 아리수 홈페이지로 이동할 수 있도록 텍스트를 삽입하여 하이퍼링크를 설정하세요.

 마지막 슬라이드를 그림과 같이 작성한 다음 이미지를 클릭하면 메일을 보낼 수 있도록 링크를 설정하세요.

PowerPoint 2016

쇼 재구성과 예행 연습하기

S·e·c·t·i·o·n

여러 슬라이드 중 필요한 슬라이드만 선택하여 슬라이드 쇼를 재구성할 수 있으며, 예행 연습을 통해 전체 슬라이드 쇼가 진행되는 시간을 측정할 수 있습니다.

01 슬라이드 쇼 재구성 ★

1 '상수도 백년사의 현장.pptx' 파일을 불러옵니다. [슬라이드 쇼] 탭의 [슬라이드 쇼 시작] 그룹에서 (슬라이드 쇼 재구성)을 클릭하여 [쇼 재구성]을 선택합니다. [쇼 재구성] 대화상자에서 [새로 만들기]를 클릭합니다.

2 [쇼 재구성 하기] 대화상자에서 슬라이드 쇼 이름을 "요약"으로 입력하고 프레젠테이션에 있는 슬라이드 목록에서 재구성할 슬라이드만 선택한 다음 [추가]를 클릭합니다.

③ 추가된 슬라이드에서 '2. 목차' 슬라이드를 선택한 다음 ☒ (제거)를 클릭하면 해당 슬라이드가 재구성 목록에서 삭제됩니다. [확인]을 클릭합니다.

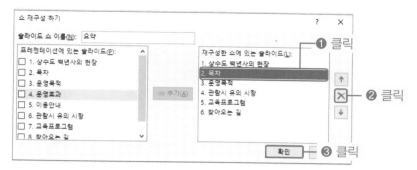

④ [쇼 재구성] 대화상자에서 '요약'이 등록되면 [닫기]를 클릭합니다.

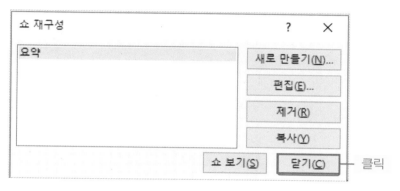

⑤ [슬라이드 쇼] 탭의 [슬라이드 쇼 시작] 탭에서 📽 (슬라이드 쇼 재구성)–[요약]을 클릭하여 슬라이드 쇼를 진행합니다.

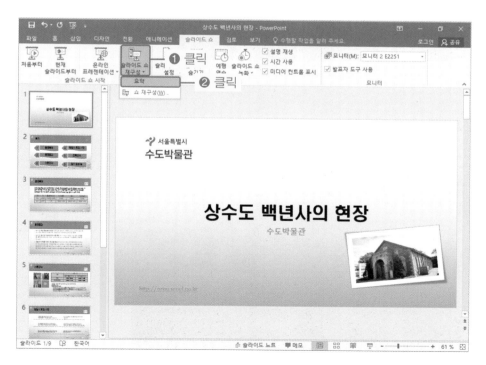

1 [슬라이드 쇼] 탭의 [설정] 그룹에서 🕐(예행 연습)을 클릭합니다.

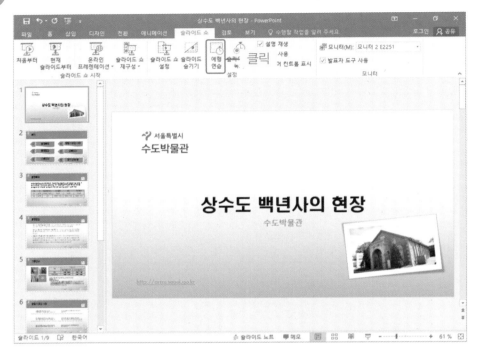

2 슬라이드 쇼가 진행되면 화면 왼쪽에 [녹화] 대화상자가 나타나고 진행되는 슬라이드 쇼의 시간이 기록됩니다.

TIP
① 다음 슬라이드로 이동
② 일시 중지
③ 현재 슬라이드 진행 시간
④ 반복
⑤ 전체 프레젠테이션 진행 시간

3 마우스로 화면을 클릭하면서 실제 발표장에서 발표할 내용을 연습합니다. 마지막 슬라이드까지 슬라이드가 진행되면 그림과 같이 기록된 슬라이드 시간을 저장할 것인지 묻는 대화상자가 나타나면 [예]를 클릭합니다.

4 ▦ (여러 슬라이드 보기)를 클릭하면 그림과 같이 각 슬라이드 아래 진행되는 시간이 표시됩니다.

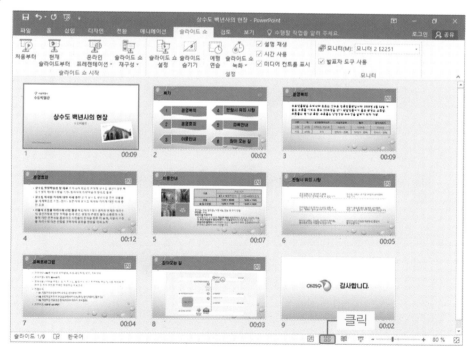

01 '파워포인트 학습.pptx' 파일을 불러와 전체 슬라이드 쇼의 예행 연습하세요.

02 여러 슬라이드 보기로 각 슬라이드의 진행 시간을 확인하세요.

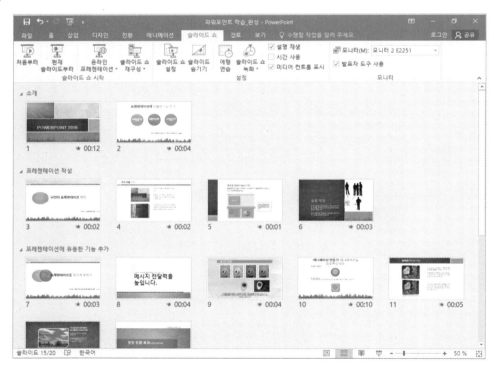

슬라이드 번호가 홀수인 것은 '홀수-요약', 짝수인 것은 '짝수-요약'으로 슬라이드 쇼를 재구성하세요.

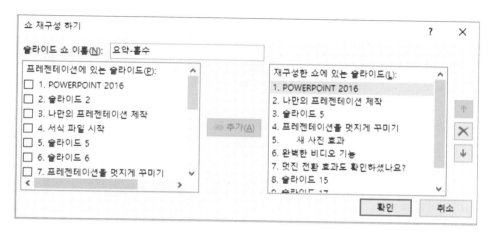

 재구성된 슬라이드 쇼에서 '짝수-요약'을 슬라이드 쇼를 진행하세요.

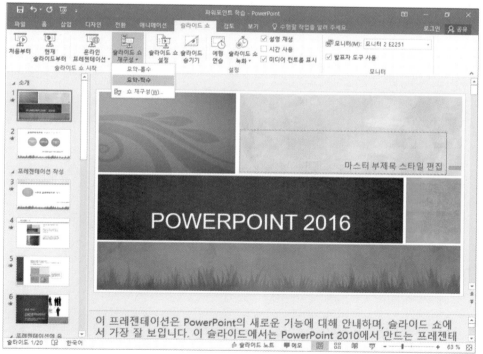

19 프레젠테이션 인쇄하기

S·e·c·t·i·o·n

프레레젠테이션에 머리글과 바닥글을 삽입하여 인쇄할 수 있습니다. 모든 슬라이드 또는 원하는 슬라이드만 선택하여 인쇄할 수 있을 뿐만 아니라 인쇄용지에 여러 슬라이드를 축소하여 인쇄도 가능합니다.

01 머리글/바닥글 삽입하기 ★

① '제주여행.pptx' 파일을 불러옵니다. [삽입] 탭의 [텍스트] 그룹에서 📄(머리글/바닥글)을 클릭합니다. [머리글/바닥글] 대화상자의 [슬라이드] 탭에서 '슬라이드 번호', '바닥글'에 체크 표시를 한 다음 바닥글 입력란에 "제주도 여행 가자!"를 입력합니다.

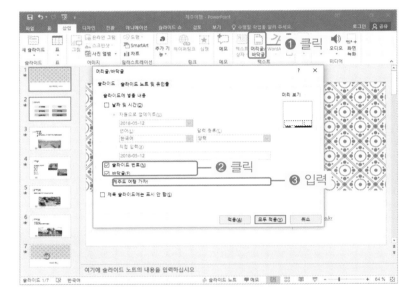

② 슬라이드 번호가 표지 슬라이드에 표시 하지 않게 하기 위해 '제목 슬라이드에는 표시 안 함'을 선택하고 [모두 적용]을 클릭합니다.

③ 표지 슬라이드에는 삽입한 슬라이드 번호와 바닥글 내용이 표시되지 않고 2번 슬라이드부터 표시됩니다.

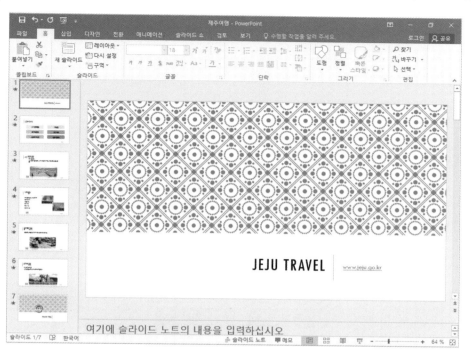

④ 슬라이드 번호를 1부터 시작하게 하기 위해 [디자인] 탭의 [사용자 지정] 그룹에서 ⬜ (슬라이드 크기)-[사용자 지정 슬라이드 크기]를 클릭합니다. [슬라이드 크기] 대화상자에서 슬라이드 시작 번호를 "1"로 설정하고 [확인]을 클릭합니다.

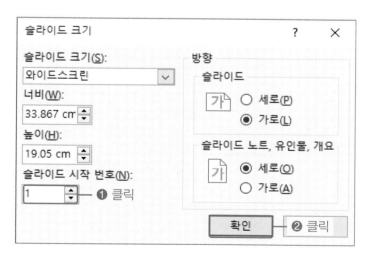

TIP

[슬라이드 크기] 대화상자에서는 슬라이드 크기와 슬라이드 방향을 설정할 수 있습니다.

1 [파일]-[인쇄]를 클릭합니다. 용지 한 장에 3개의 슬라이드를 인쇄하기 위해 [전체 페이지 슬라이드]-[3 슬라이드]를 클릭합니다.

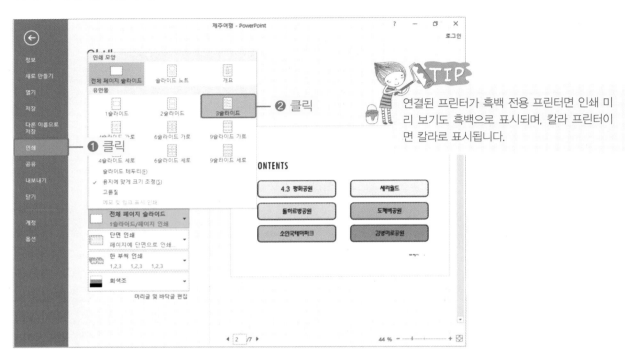

연결된 프린터가 흑백 전용 프린터면 인쇄 미리 보기도 흑백으로 표시되며, 칼라 프린터이면 칼라로 표시됩니다.

2 바닥글을 추가하기 위해 [머리글 및 바닥글 편집]을 클릭합니다. [머리글/바닥글] 대화상자의 [슬라이드 노트 유인물] 탭에서 '날짜 및 시간'에 체크 표시를 한 다음 바닥글을 입력하고 [모두 적용]을 클릭합니다.

3 인쇄 미리 보기에 바닥글과 페이지 번호가 표시된 것을 확인 할 수 있습니다. 🖶 (인쇄)를 클릭하여 완성된 슬라이드를 인쇄합니다.

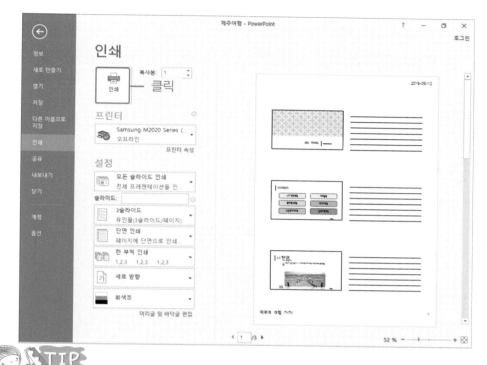

TIP

PDF 파일로 인쇄하기 : 작성한 슬라이드를 PDF 파일로 인쇄하기 위해 프린터 목록 단추를 클릭하여 'Microsoft Print to PDF'를 선택한 다음 🖶 (인쇄)를 클릭하면 [다른 이름으로 프린터 출력 저장] 대화상자가 나타납니다. 파일 이름을 입력하고 [저장]을 클릭하면 PDF 파일로 저장됩니다.)

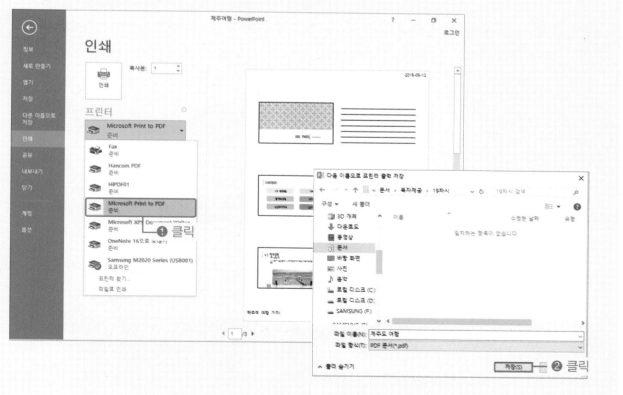

01 '부천시.pptx' 파일을 불러와 슬라이드 번호와 바닥글을 삽입하세요.

02 표지 슬라이드에 바닥글과 슬라이드 번호를 숨기고 2번 슬라이드의 번호가 1로 시작하게 설정하세요.

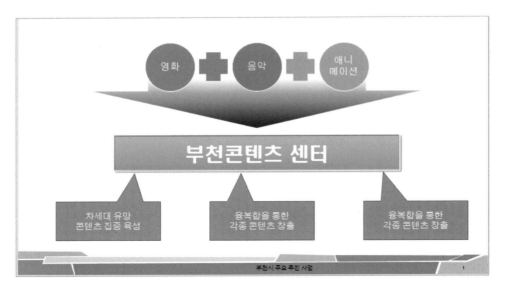

페이지 한 장에 3장의 슬라이드가 가로 방향으로 인쇄되도록 설정하세요.

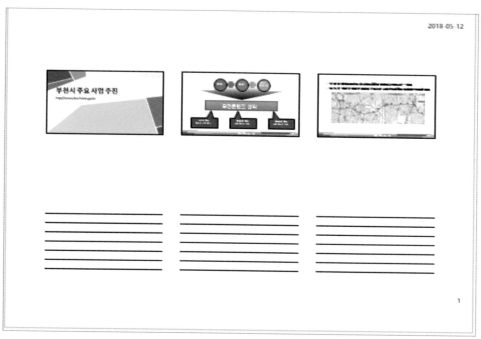

04 그림과 같이 페이지 아래에 바닥글이 인쇄되도록 설정하세요.

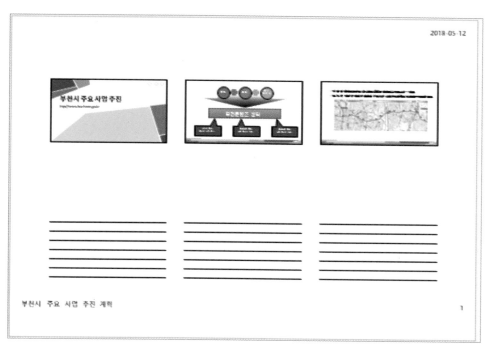

20 온라인 프레젠테이션과 비디오 파일 만들기

S·e·c·t·i·o·n

온라인 프레젠테이션는 온라인으로 프레젠테이션을 실행하면 다른 사람들이 웹 브라우저에서 슬라이드 쇼를 보고, 콘텐츠를 다운로드 받을 수 있습니다. 단 온라인 프레젠테이션을 시작하려면 Microsoft에 무료회원 가입이 되어 있어야 됩니다. 또한 프레젠테이션을 비디오로 만들어 저장할 수 있습니다.

01 온라인 프레젠테이션 ★

1 '링크해운.pptx' 파일을 불러옵니다. [슬라이드 쇼] 탭의 [슬라이드 쇼 시작] 그룹에서 🖥(온라인 프레젠테이션)을 클릭합니다. [온라인 프레젠테이션] 대화상자가 나타나면 [연결]을 클릭합니다.

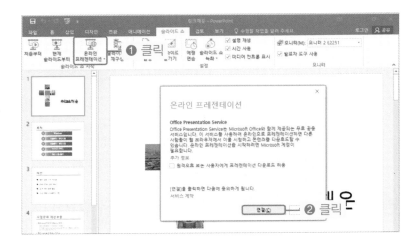

2 로그인 대화상자가 나타나면 Microsoft에 회원 가입한 메일을 입력하고 [다음]을 클릭한 다음 암호를 입력한 후 [로그인]을 클릭합니다.

③ [온라인 프레젠테이션] 대화상자에서 [링크 복사]를 클릭하여 프레젠테이션을 공유할 사람들에게 알려준 다음 [프레젠테이션 시작]을 클릭합니다.

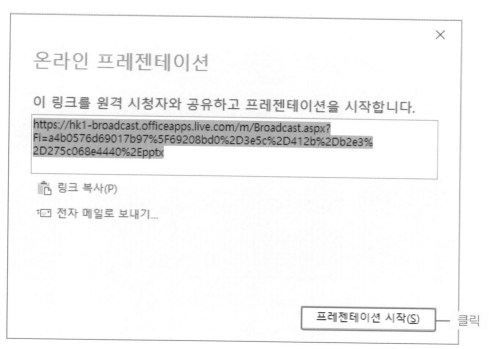

④ 원격지의 청중들은 전송받은 링크 주소를 웹 브라우저에 복사하여 붙여넣기하면 슬라이드 쇼를 실시간 으로 확인할 수 있습니다.

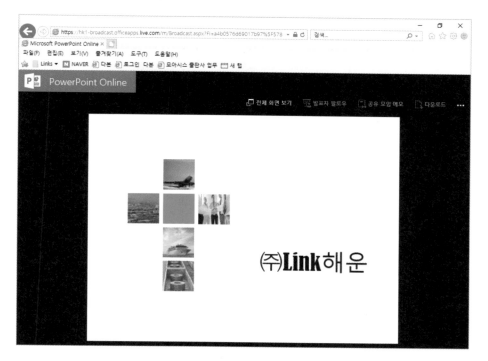

5 슬라이드 쇼가 끝나면 [온라인 프레젠테이션] 탭의 [온라인 프레젠테이션] 그룹에서 ❎ (온라인 프레젠테이션 종료)를 클릭합니다.

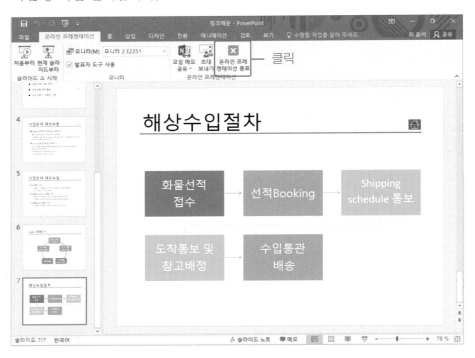

6 그림과 같이 원격지의 온라인 프레젠테이션이 종료된다는 메시지 창이 나타나면 [온라인 프레젠테이션 종료]를 클릭합니다.

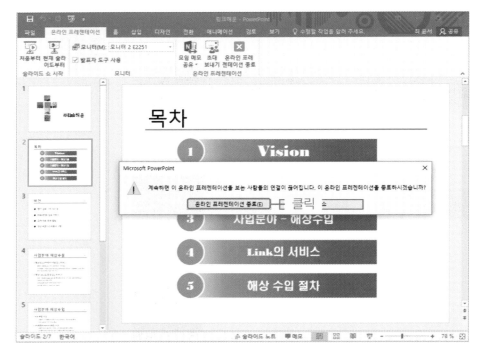

02 | 비디오 파일 만들기 ★

1 [파일]-[내보내기]-[비디오 파일]을 클릭합니다. [비디오 만들기]에서 프레젠테이션 품질과 프레젠테이션에 설명과 시간이 포함되는지 여부를 확인한 후 🎬 (비디오 만들기)를 클릭합니다.

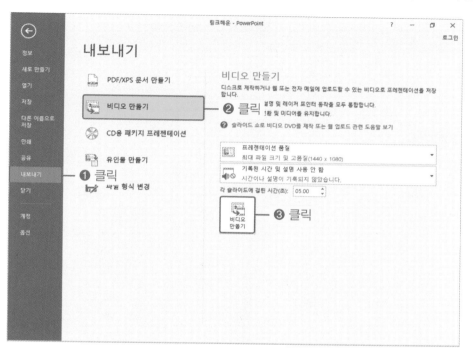

2 [다른 이름으로 저장] 대화상자에서 파일 이름을 입력하고 [저장]을 클릭합니다.

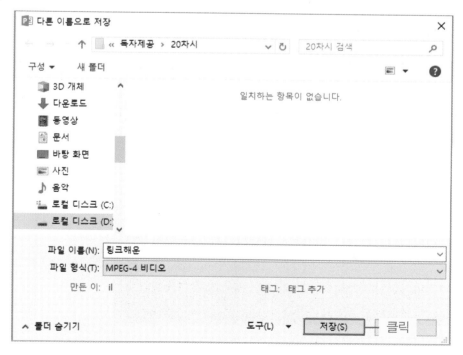

셀프 테스트

01 '부천시.pptx' 파일을 불러와 온라인 프레젠테이션을 시작하세요.

02 '부천시.pptx' 파일을 mp4 파일 형식으로 저장하여 결과를 확인하세요.

종합문제

다음 지시에 따라 프레젠테이션을 만들어 저장하세요.

조건1 틀 테마를 적용하여 슬라이드 마스터에서 글꼴 서식을 설정하세요.

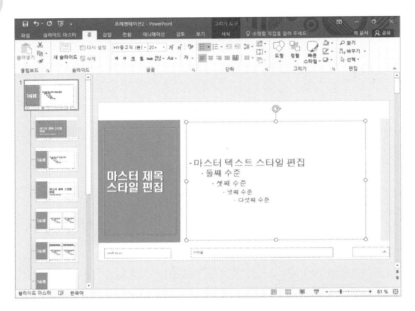

조건2 'nts.jpg' 그림을 삽입하여 표지 슬라이드를 만드세요.

tueرe

 조건3 제목만 슬라이드에 도형을 이용하여 그림과 같이 만드세요.

운영방향

편안한 납세

공정한 과제

소통과 혁신

조건4 '제목 및 내용' 슬라이드에 텍스트를 이용하여 슬라이드를 만들고, 글꼴과 단락 서식을 설정하고 글머리 기호를 변경하세요.

대응체계 개편

◆ **'열린 세정'** 추진을 통한 **자발적 성실납세** 문화 정착

◆ 고질적·지능적 탈세에 엄정 대응하여 **공평과세 구현**

◆ **세정집행 절차 개선**을 통한 **납세자 권익** 보호 강화

종합문제

조건 5

'제목만' 레이아웃에 '세그먼트 주기형' 스마트아트를 삽입하세요.

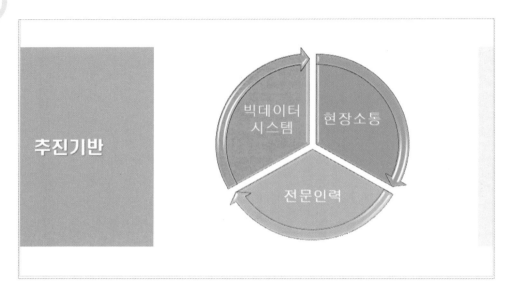

추진기반

빅데이터
시스템

현장소통

전문인력

조건 6

'제목만' 레이아웃에 그림과 같이 표를 삽입하고 '보통 스타일 1 -강조 5' 표 스타일을 적용하세요.

세출예산
내용

구 분	16년 예산	17년 예산	증감액	%
합 계	15,489	16,102	613	4.0
인 건 비	10,789	11,318	529	4.9
기 본 경 비	1,589	1,651	62	3.9
사 업 비	3,111	3,133	22	0.7

(단위 : 억원, %)

조건7 '제목만' 레이아웃에 그림과 같이 묶은 세로형 막대 차트를 삽입하세요.

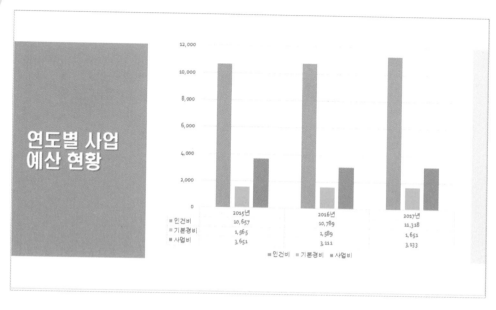

조건8 2번 슬라이드에 제목만 레이아웃을 삽입하여 목차를 만들고 하이퍼링크를 설정하세요.

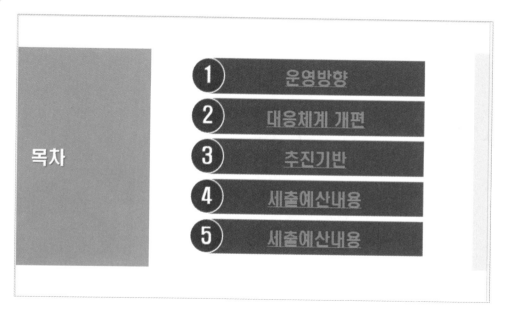

묶음 도서 제작을 원할 경우 편집부에 문의 바랍니다.

전화 : 02-707-5314 / FAX : 02-707-5316

정보화 실무
한글 2010

두드림기획 지음 |
국배변형판 |
112쪽 |
6,000원 |

정보화 실무
엑셀 2010

두드림기획 지음 |
국배변형판 |
112쪽 |
6,000원 |

정보화 실무
파워포인트 2010

두드림기획 지음 |
국배변형판 |
112쪽 |
6,000원 |

정보화 실무
**엑셀 2010
+파워포인트
2010**

두드림기획 지음 |
국배변형판 |
224쪽 |
10,000원 |

정보화 실무
**Windows10+
블로그**

김신웅 지음 |
국배변형판 |
120쪽 |
7,000원 |

정보화 실무
한글 2014

김신웅 지음 |
국배변형판 |
120쪽 |
7,000원 |

정보화 실무
엑셀 2016

김수진 지음 |
국배변형판 |
120쪽 |
7,000원 |

정보화 실무
파워포인트 2016

김수진 지음 |
국배변형판 |
120쪽 |
7,000원 |